만다. "언제나처럼 평행선을 긋는 듯", "언젠가 맞닿을 평행선과 시선의 전주곡쯤으로 생각할 즈음" '빈 날갯짓이 허공을 가르'면 비로소 시인의 눈에도 '꽃'이 들어온다. '사람의 뒷모습에 마음을 볼 수 있는 거울'(「결혼사진」)이 있는 것처럼 시인이 눈에 보이는 '꽃'도 마음을 다할 때만 보이는 것 같다.

김 시인은 또 다른 '나'를 찾는 '걷다'라는 서술어를 통해 시간의 깊이를 더하고 있다.

3. '듣다'의 시학, 그 언어의 깊이

김 시인의 시 세계에는 '듣다'의 서술어가 많이 나온다. 그 들리는 소리는 과거로의 시간 여로이기도 하고, 시간 사유의 경계이기도 하다. 그 '듣기'는 가끔 시간과 의식의 저편으로까지 넘나든다. 과거 시간 속으로 곤두박질치기도 하고, 의식의 '안'과 '밖'을 넘나들기도 한다. 저쪽에 있을 것 같은 자아를 찾아 방황하고 갈등하며, 이 쪽(밖)과 저 쪽(안)의 갈림길, 그 경계에 '귀' 기울이기도 한다.

들려오는데
아득하게 멀거나 바로 귓전이거나

서걱서걱 덜 여문 소리 들린다
매듭의 고리로 올곧게 선 댓잎 소리처럼
포말 속에 바스러지는 통증 여미는 소리처럼
끊일 듯 이어질 듯
탁탁 손바닥이 심장 두드리는 소리처럼
딱딱 부싯돌 부딪는 소리처럼
묵은 서랍 속에서 튕겨 나오는데
겹겹이 먼지 앉은 조약돌에서 파도가 치고 있었다
허공으로 투영된 갈매기의 살풀이
잿빛 하늘에서 눈발이 글썽이고 있었다
들려오는데
문풍지에 바람 지나는 소리 같기도 하고
마른 가지에 안개비 스미는 소리 같기도 한
그 소리 밟으며 밟으며 가는데
다정한 길벗이었거나 뒤안의 걸림돌이었거나
조약돌 하나 희미한 영상으로 흐르고
서랍 구석에서 만난다
뽀얀 소년의 얼굴

- 「서랍에서 치는 파도」 전문

김 시인이 "서랍 구석에서 만난" "뽀얀 소년의 얼굴", 시인은 그 타자의 과거로 걸어 들어간다. 희미한 영상이 흐르고, 그 영상 속에서 "아득하게 멀거나 바로 귓전이거나 / 서걱서걱 덜 여문 소리 들린다." 그 소리는 "매듭의 고리로 올곧게 선 댓잎 소리처럼 / 포말 속에 바스러지는 통증 여미는 소리처럼 / 끊일 듯 이어질 듯 / 탁탁 손바닥이 심장 두드리는 소리처럼 / 딱딱 부싯돌 부딪는 소리처럼 / 묵은 서랍 속에서 튕겨" 나온다.

시인은 한 남자의 과거로부터 들려오는 흑백사진 같은 소리에 귀 기울이고 있다. 그 소리는 "문풍지에 바람 지나는 소리 같기도 하고 / 마른 가지에 안개비 스미는 소리 같기도 한 / 그 소리 밟으며 밟으"며 "도돌이표 삭제된 악보" 같이 "가만가만 한 호흡"(「허밍허밍」)으로 걷고 또 걷고 있다. 과거와 현재를 넘나드는 분열 속에 고뇌와 갈등이 짙게 배어 있다.

근원지를 묻지 않기로 한다.

귀에 도읍지를 정한 매미들이
달팽이관을 돌며 성을 쌓는 반란 같기도 한
가없이 이어지는 파고가 아리랑 고개를 넘는 듯
바닷물도 진득해질 것 같은 남도창쯤으로
분할한 적 없는 귀를 점령하고 떠나지 않는다.
고수를 불러 북을 치고

아니리 아니리 추임새를 넣어보지만
듣는 일에 충실하지 못했던 징벌 같기도 한
낯익은 울음으로 들리는 연민 앞에
답가를 어떻게 불러야 하나?
정수리를 쓰다듬는 손길이 느껴지는 밤
아련한 어머니 목소리가 자장가로 들리기까지
바닷물이 정수된 소금에서는 별이 빛났을까!
짠기 어린 말들을 새겨넣은 눈동자에
별이 방울방울 돋아났을까!
경을 펼치듯 온몸으로 지신 밟는다.

잠을 앗아가버린 너,

그 누구에게도 허락되지 않은
나만을 위한 선문선답의 聲讀쯤으로
사랑할 수도 비울 수도 없는 운명의 사랑놀이라고 해두자.
긴 세월 기다렸다가 말문을 연 매미들의 숲
가슴에 묻은 말 허공에서 일순 터득한 득음

울어라 마음껏 울어라 매미!

-「이명」 전문

시인의 '귀'를 점령하고 떠나지 않는 소리. 과거로의 여로에서 들리는 소리인 것 같다. 이는 시인의 기억 상징으로 자아 분열을 형상화하고 있다. '아리랑 고개를 넘는 듯', '남도창'도 들리고 '낯익은 울음소리'도 들리고, 좀 더 먼 과거로 가서 '자장가'도 들린다. '잠을 앗아가는' 과거로부터의 소리. 그것은 외상적 경험을 통해 형성된 무의식 속에 각인되어 있는 상징적 기억이기도 하다.

그래서 그런가. 김 시인의 시에는 '귀'를 주어로 하는 시어가 가끔 나온다. '바닷가 우체국 그곳 우편함은 귀가 밝아 솔잎향 수런거림을 채집하기도 하고, 흐르는 물소리도 건져' 올린다.(「바닷가 우체국」) 시간과 시간 사이, 공간과 공간 사이에 '정신 한 자락 달빛에 걸어두고 두 귀를 열면, 벌레가 사과를 아삭아삭 갉아먹는 소리이거나 밑도 끝도 없이 가라앉는 마음 가장자리에서부터 마른 풀잎 소리'(「舌장구」)가 들리기도 한다. 시인은 또 다른 과거의 '나'를 향한 그리움을 위해 늘 '귀'를 열어 두고 있다.

> 옛날 옛날에 조가비라는 해저마을이 있었다 태양은 여명을 밝히며 떠오르고 싶었지만 수심은 이를 허락지 않았고 그 안의 용트림만 있을 뿐 마을 사람들은 어둠 속에서도 행복할 수 있었다 어느 날인가 달빛 문을 연 해바라기가 숭고

한 자태로 뿌리내렸다 마을 사람들에게 밝은 거울이 되어 주고 싶다고

수평선을 박차고 동이 트는데 피안으로 길 나서는 할아버지 배웅을 하는데 다정한 미소에 이끌려 따라가는데 해바라기 꽃밭에서 이거다! 집채만 한 호박을 냅다 두 손에 던져 주는데 벅찬 마음으로 안고 토닥였지 일백만 년 순간이동으로 내 품에 안겨든 너는 퇴적된 세월을 굳건하게 이겨낸 너는 성게 해삼 불가사리 북륙가리비로 이어진 몇 겁 생이 바닷가 화석으로 우뚝 서기까지

망망대해를 품고 자란 하얀 날개 파릇한 잔디 위에 그려나갈 너만의 그라운드에 해바라기와 호박의 화석으로 안착할 조가비 해저마을의 상륙작전
너와 나는!

-「너와 나는 2 -석이에게」 전문

시인이 설립한 과거 속의 아이는 "옛날 옛날에 조가비라는 해저마을"에서 온 아이일지도 모른다. 그 해저마을은 '해바라기 꽃밭'이 있고 '집채만 한 호박'이 있는 신화적 공간이기도 하고 시인의 근원적 그리움의 고향이기도 하다.

또 시인은 '마음을 다할 때만 보이는 거울'을 갖고 "마법의 성에 나들이"하기도 한다. 마법의 성에서 연보라 물결소리 들으면서, "신데렐라가 저곳에 있을 거야 / 소공녀도 저곳에 있을 거야 / 요술마차 타고 엄마가 올 거야 / 백만장자의 아빠가 올 거야", "아득한 나락으로 빠져들"〈아까시꽃 향기 따라서〉면 "바다가 파란 장미꽃밭이 되는 순간"(「허밍허밍」)이 보이기도 한다.

다시 귀를 열면, "고향 언니네 돼지국밥집"이다. "국밥에 막걸리 한 대접" 들이키면 "복 없는 년은 남자 복도 없더라"며, 또 한 대접 벌컥 마시고야 만다.

4. 에필로그

김혜승의 시 세계에는 정신세계의 저변이 반영되어 있다. 현실적 자아와 본질적 자아의 분열을 보여주고 있다. 자아 분열의 과정과 그에 대한 지각을 보여줌으로써 존재의 역설적 의미를 형상화하고 있다. 이러한 자아 분열은 '충격과 슬픔' → '허무와 좌절' → '미련과 안타까움' → '초월 또는 초연'의 과정을 겪으면서 시인의 사유 속에 배어들고 있다. 이는 '상처'이기도 하고 '아픔'이기도 하고 시적 몸부림이기도 하다.

김혜승 시인의 시 속에는 길들여지기에 대한 거부의 몸짓이 그 바탕에 자리하고 있다. 야생마 같은 상상력이 들판을 뛰노는 시. 김 시인은 그 상상력으로 과거로의 시간 여로를 통해 근원적인 그리움과 만나고 있다. '야생마가 준마가 된다'고 한다. 이 말은 문학적 상상력을 두고 하는 말이기도 하다. 길들여짐의 울타리를 부수고 튀어나올 때 '야생마' 같은 시가 나오게 될 것이다.

그래서 시인은 늘 걷고 있다. 시적 상상력의 들판이거나 본원적 그리움의 고향인 과거이거나 걷고 또 걷고 있다. 간(間)과 간(間) 사이, 혹은 그 경계와 마주하면 '떠다니는 말들이 갈기를 휘날리며 바위를 향해 제 몸을 부딪히'(「설빙이 있는 오후 풍경」)듯 걷기도 한다. 걷고 또 걸으면서 사유의 깊이를 더하고 있다. 그 깊이에서 우러나오는 시어들은 표면적 멋에 물들지 않고 순수하고 소박하다. 현실로 돌아오면, 괄호 밖 사색 속에는 과거에서부터 아이가 마중 나오기도 한다.

그러나 '정답 없는 세상살이 야속해서 이래저래 속마음'이 흐트러진다. 그 괄호 안에 갇혀 "사람 냄새가 간절"한 김시인. "세상 밖을 향해 소리" 지르듯 "할 말"이 많은 것 같다. "뱉어낼수록 입안에서 맴도는 말 / 스멀거리며 목 안으로 기어드는 말" "이 앙다물고 돌아가는 톱니바퀴 시간"인 괄호 안에 갇힌 채 "괄호 밖"(「가을 하늘」)으로 사유의 시선을 옮기

고 있다.

김 시인의 '걷다', '듣다' 서술어는 사유에 의해서 거듭된다고 할 수 있다. 그러는 가운데 또 하나의 사유를 숙성시키면서 정신을 가다듬게 된다고나 할까. 시인은 그 사유의 정점에서 시를 통해 삶의 무게를 감당해 내고 있다.

김혜승
1964년 전남 영광 출생.
한국방송통신대학 국어국문학과 졸업.
2010년『문예운동』신인상.
현) 청하문학회 회원, 제주문인협회 회원, 한라산문학동인회 회원.

서랍에서 치는 파도

초판 인쇄 2015년 11월 23일
초판 발행 2015년 11월 30일

지은이 김혜승
펴낸이 김영훈
펴낸곳 도서출판 한그루
출판등록 제651-2008-000003호
주소 제주도 제주시 천수동로2길 23
전화 064 723 7580
전송 064 753 7580
전자우편 onetreebook@daum.net
블로그 onetreebook.com

이 도서의 국립중앙도서관 출판예정도서목록(CIP)은
서지정보유통지원시스템 홈페이지(http://seoji.nl.go.kr)와
국가자료공동목록시스템(http://www.nl.go.kr/kolisnet)에서 이용하실 수 있습니다.
(CIP제어번호: CIP2015031963)

이 책은 제주문화예술재단에서 제작비의 일부를 지원받았습니다.

ISBN 978-89-94474-24-3 03810

값 10,000원

서른일곱 소녀 글라라

서른일곱 소녀 글라라

초판 1쇄 인쇄 2018년 11월 20일
초판 1쇄 발행 2018년 11월 25일

지은이 박오선
펴낸이 金泰奉
펴낸곳 한솜미디어
등록 제5-213호

편집 박창서 김수정
마케팅 김명준
홍보 김태일

주소 05044 서울시 광진구 아차산로413
(구의동 243-22)
전화 02)454-0492(代)
팩스 02)454-0493
이메일 hansom@hansom.co.kr
홈페이지 www.hansom.co.kr

값 12,000원
ISBN 978-89-5959-499-3 (03810)

* 잘못 만들어진 책은 구입하신 서점에서 바꿔드립니다.
* 이 책은 아모레퍼시픽의 아리따 글꼴을 사용하여 편집되었습니다.

서른일곱
소녀 글라라

박오선 지음

한솜미디어

저는 지금 딸을 사랑합니다.
다른 이들은 처음부터 사랑해 주었겠지요.
참 감사한 일이지요.
저는 이제까지 사랑하지 못하고
훈육 주임 같은 마음만 있었던 것 같아요.
앞도 보지 않고 옆도 보지 않고
오직 딸의 부족한 점만 바라보았던 시간이었습니다.
생각할수록 많이 부끄럽습니다.
그런 시간 속에서 우리 딸을
제 등에 달린 큰 짐이라고 생각했습니다.
앞으로는 우리 딸이 제 등에 날개가 되어
함께 날아갈 수 있기를 간절히 소망합니다.

예전에 들었던 이야기가 생각납니다.
옛날에 한 스승님이 계셨습니다.
어느 날 몽둥이를 가지고 나오며 제자들에게 질문하셨답니다.
"무엇이 보이느냐? 몽둥이가 보인다고 하면 한 대 맞을 것이다.
몽둥이가 보이지 않는다고 해도 맞을 것이다."
첫 번째 제자에게 무엇이 보이느냐고 물었습니다.
제자는 "몽둥이가 보입니다"라고 대답하여 한 대 맞았습니다.
두 번째 제자에게도 무엇이 보이느냐고 물었습니다.
제자는 보이지 않는다고 대답해서 한 대 맞았지요.
세 번째 제자는 좀 더 비판적인 대답을 했습니다.
"스승님은 지금 억지를 부리십니다. 몽둥이를 들고 계시면서
보인다고 해도 안 되고 보이지 않는다고 해도 안 된다니
억지를 부리시는 것 아닙니까"라고 대답하고 한 대 맞았습니다.
다음 제자는 미소 지으며 "스승님, 시원합니다"라고 대답했답니다.
비로소 스승님은 몽둥이를 내려놓으며 말씀하셨답니다.
"눈에 보이는 것에만 집착하지 말고
보이지 않는 것도 살피는 마음을 가져라."

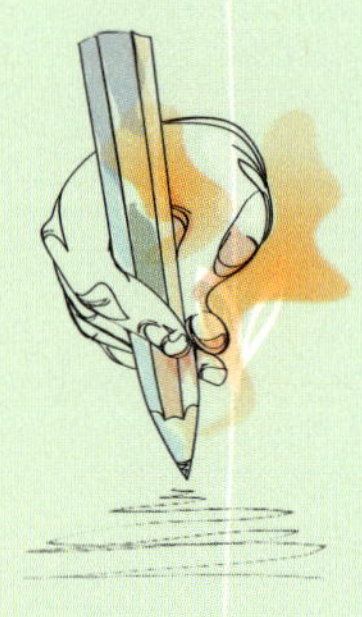

저는 딸의 부족하고 없어 보이는 것만 집착하며
채워보려고 무수한 시간을 보냈습니다.
이제 딸의 다른 모습을 보니 사랑스러운 마음이 생겼습니다.
그래서 딸과 만들었던 시간들을 적어보았습니다.
이런 것까지 드러내도 될까 걱정스럽기도 했습니다.
하지만 제 마음이 편안한데 무슨 문제가 되겠습니까.
이제껏 저는 의도적으로
누군가에게 보여주는 글을 써본 적이 없습니다.
이렇게 써도 되는지, 이런 말을 사용해도 되는지
정말 힘이 드는 작업이었습니다.
그때마다 호박벌을 생각하고 용기를 냈습니다.

호박벌은 과학적인 잣대로 보면
절대로 날 수 없는 몸의 구조를 갖고 있다고 합니다.
머리와 가슴 배로 구성된 몸의 무게에 비해
너무 작은 날개를 갖고 있기에 날 수 없음에도 불구하고
무수히 날갯짓을 하여서 날게 되었다고 하지요.
호박벌은 자신이 날 수 있는지 없는지에는 전혀 관심이 없으며
오직 꿀을 향한 일념으로 날고 있는 것이지요.
그런 호박벌을 생각하며 글을 썼습니다.
호박벌은 꿀을 향한 기적의 비행을 하고
저는 딸을 사랑하는 마음을 담은 책으로 기적을 만들고자 합니다.
그때는 몰랐으나 지나고 보니
모든 것이 사랑의 다른 모습이었던 것 같기도 합니다.
앞으로는 더 많이 사랑하면서 살아야겠습니다.

| 차 례 |

01

우리 딸

우리 딸은 1982년생 글라라입니다.
지난해에 『82년생 김지영』이라는 소설책이
많은 사람들의 관심을 받았습니다.
우리 딸과 같은 해에 출생한 사람의 이야기라서
관심을 갖고 읽어보았습니다.
『82년생 김지영』은 서민들의 일상 속에서 일어나는 비극을
사실적으로 표현했다며 공감하는 사람들이 많아
베스트셀러가 되었지요,

주인공 지영 씨는 공무원이셨던 아버지와
전업주부였던 엄마 슬하에서 자랐습니다.
아쉽게도 아들 선호하는 시절에 둘째 딸로 태어나
성차별을 알음알음 받으며 성장하였습니다.
특히 할머니의 아들 선호가 심해서 차별받기는 했지만,
그런대로 원만한 가정에서 살았습니다.
그런 가운데 성실하게 공부하여 대학교육을 받고,
치열한 경쟁 속에서 잘 버티며 직장에도 다녔습니다.
사랑하는 사람과 결혼하여 자녀를 출산하고
완벽한 가정을 이루었습니다.

그런 가운데 서서히 지영 씨에게 우울증 증세가 나타나
상담치료를 받게 됩니다.
그래서 출생 시부터의 상황을 짚어가며 원인을 파헤칩니다.
뜻을 같이하는 독자들은 지영 씨의 성장 과정에서
남녀 차별 대우로 발생한 부당한 사건들과
자신의 일상을 비교하며 동일시하는 것 같았습니다.
심지어 어떤 사람은 '나는 왜 미치지 않았을까' 하며
극하게 지영 씨를 투사하며 공감하였습니다.
모르기는 해도 저만 지영 씨한테 공감하지 않은
유일한 사람이었을 것입니다.
모든 것을 완벽하게 갖춘 행복한 사람이 어디 있겠습니까.
그보다 더한 상황에서도 사는 사람이 많음을 알 텐데요.
지구상에서 문자를 해득(解得)하고 대학교육을 받은 사람이
5% 이내라고 들은 적이 있습니다(확실하지는 않습니다).
게다가 세부적으로 들어가면
우리가 누리고 있는 기적 같은 행운이 얼마나 많은지요.
어찌 내게 있는 것을 보지 못하고 부족한 것만 바라보며
우울증에 시달리고 있을까… 답답했습니다.
이렇게 소설 『82년생 김지영』은
저의 생각과 텀이 많아서 씁쓸한 마음을 갖게 했습니다.

우리 딸은 지적 장애인입니다.
지금은 을지로 3가에 있는 영락 주간 보호 센터에 다닙니다.
그곳에서 여러 가지 프로그램으로 하루하루 즐겁게 지냅니다.
집에서도 여러 가지 삶을 살아가는 방법을 배우고 있으며
엄마와 딸로 서로 버팀목이 되어 살고 있습니다.
우리 딸에게는 잘하는 것이 많습니다.
그중에서도 이름 짓기를 아주 잘합니다.
무엇을 보든지 자기식으로 해석하고 이름을 지어줍니다.
친구 이름도 여러 방법으로 지어줍니다.
멋지게 부르는 것으로는 은, 영, 식, 준, 규, 미, 호 등
이름 끝 자만 불러주고 인디언식으로 이름 붙이기도
잘하는 것 중 하나입니다.
휠체어, 106동, 박수, 티니쉬 등이 있습니다.

처음에는 제가 질색을 했는데
하나하나 해석해 주면 수긍이 되기도 합니다.
작고 귀여운 휠체어를 타고 다닌다고 '휠체어',
같은 아파트에 사는 친구는 106동에 산다고 '106동'입니다.
길을 가면서 자주 박수 치는 모습을 보았다고 '박수',
'티니쉬'는 그 단어를 자주 쓴다고 했습니다.
추측컨대 영어 단어 'finish'인 것 같습니다.

최근에는 인디언식으로 자신의 이름을 짓고
불러주기를 원합니다.
이름하여 '다 잘하는 사람'이랍니다.
줄여서 '다잘해'로 불러달라고 주문합니다.
'다잘해'라… 왠지 제 마음에도 듭니다.
그리고 소망합니다.
궁극적으로 모두 잘하기를 간절히 소망합니다.
자신의 본래 위치에 맞는 행동과 생각과 말을 되찾고 거듭나며
지금의 한계를 넘어서는 기적이 이루어지기를
간절히 간절히 소망합니다.

다잘해라는 이름이 생기게 된 연유는 이렇습니다.
이름이 생기기 바로 전에 무언가 잘못했음을 지적받고는
즉흥적으로 만들어 붙인 이름이랍니다.
부끄러움을 억지로 누르며 정색하더니 씩 웃으며 말했습니다.

"난 다 잘하는 사람이야. 이제 그렇게 불러주면 고맙겠어."

순간 정신이 번쩍 들었습니다.
이제까지 얼마나 많은 지적을 받고
얼마나 속이 상했을까 생각하니 많이 미안했습니다.
그래요, 이제부터 '다잘해'로 부르겠습니다.
이렇게 해서 즉석에서 자신의 인디언식 이름이 만들어졌습니다.
이쯤 되면 이름 짓기의 달인이라 해도 되겠지요.
"다잘해 씨, 부디 모든 것이 다 잘되기를 간절히 바랍니다."

02

위로

저는 딸과 손잡고 성당에 다닙니다.
그날도 함께 갔다가 나오는데 수녀님이 다가오셨습니다.
딸에 대해 이런저런 말씀을 건네십니다.
저는 종교와 관련된 직업을 가진 분들과
개인적인 일로 대화를 해본 경험이 거의 없습니다.
왠지 세상적인 일을 말씀드려서는 안 될 것 같다는
생각을 갖고 있었습니다.
괜히 그분들을 세속의 먼지로 오염시키는 것 같아
말하기가 조심스럽고 거리감이 느껴지기도 했습니다.
그런데 일부러 다가오셔서 이것저것 물어보시니
정말 부담스러웠고 조심스러웠습니다.

우리 딸은 자신의 이야기를 하는 것에 신경을 많이 씁니다.
저와 둘이 남게 되면 “좀 전에 왜 그런 말을 했어” 하고 묻기도 합니다.
그래서 혹시 사소한 것으로도 상처를 받을까 봐
말 한마디 한마디에 조심합니다.

머뭇거리며 말하다 상상도 못할 일이 벌어졌습니다.
굳이 점심을 사주시겠다는 것입니다.
사양하기에는 너무 멀리 오게 되어서
어쩔 수 없이 날짜와 시간, 장소를 정했습니다.
'대화하기도 어려운데 어떻게 식사를 하나…'
걱정 아닌 걱정이 생겼습니다.
결국 시간이 지나 그날이 되었습니다.
약속 장소에 가서 점심을 먹고
한 단계 더 발전해서 저희 집에서 차를 마시기로 했습니다.
묘하게도 앞섰던 걱정과 달리
그야말로 대화가 꽃을 피우고 있었습니다.

그러면서 이제까지 생각하지 못했던 사실을 알게 되었습니다.
그분들에게는 그분들만 행하는 고유의 삶이 있지만,
우리와 같은 생각을 하고 일상생활을 하고 계시다는 것이지요.
그래서 이후에는 늘 그렇게 해왔던 것처럼
이런저런 대화도 하고 개인적인 상담도 청하게 되었습니다.
수녀님은 어디서 만나든지 우리 딸을 미리 알아보고
친절하게 다가오셨고 무엇이라도 주고 싶어 하는 마음이
눈에 보였습니다.

어느 날 수녀님께서 이런 말씀을 해주셨습니다.
오랫동안 알고 지낸 지인의 아들이 교통사고로
심한 부상을 입고 입원했다는 연락을 받았다고 합니다.
동네에서 가깝기도 했지만 그동안 쌓아온 오랜 우정으로
급히 병원으로 가셨답니다.
가면서 '어떻게 이곳 병원까지 와서 입원하게 되었을까.
원하기만 하면 더 좋은 병원에 충분히 입원할 수 있었을 텐데…'
다소 의아하셨답니다.
제게 말씀하지는 않았지만 아마도 지인은
경제력이 좋았고 사회적 지위도 있었던 것 같았습니다.
의아하게 생각했던 점은 병원에 도착해서 알게 되었답니다.
수녀님을 만난 지인은 엄청난 현실 앞에서
다소 안정적인 모습이었답니다.
침착한 목소리로 지인이 수녀님께
이런 이야기를 들려주더랍니다.

처음에는 사고 소식에 놀랐고 생각보다 멀고
생경한 국립의료원이라 절망적인 생각까지 들었답니다.
그래서 먼저 병원을 옮길 생각부터 하였답니다.
그런데 병실에 들어가서 담당 선생님을 뵙고
그대로 병원에 입원시켰답니다.
그 병원에 아들의 치명적인 부상을 완벽하게 치료할 수 있는
선생님이 계신 것을 알게 되었다고 했습니다.
더군다나 응급차가 그것을 미리 알고 온 것이 아니랍니다.
사고 지점부터 몇 군데 병원을 들렀는데
이런저런 이유로 밀리고 밀려서
동대문에 있는 의료원까지 오게 된 것이었지요.

보이지 않는 주님의 손길이 아들을 위해
최상의 선생님이 계신 곳까지 안내해 주신 것이라고
지인이 말하더랍니다.
거기다 더욱 벅차올랐던 사실은
무너지듯 놀란 가슴을 부여안고 한달음에 달려온 엄마는
말할 수 없이 깊은 감동을 느꼈다고 합니다.
응급실에서 의식 없는 환자에게 오랜 시간 말없이 땀을 쏟으며
정성을 쏟는 의사 선생님의 모습을 보았답니다.
그가 아들뿐 아니라 지인의 가슴에도
따스한 온기를 가득 채워주었다는 것입니다.
그래서 틀림없이 의사 선생님을 통해 주님께서
함께 치료해 주시리라는 믿음을 갖게 되었다고 합니다.
위급에 처한 아들을 대하면서 그렇듯 안심할 수 있었음은
어떤 힘이었을까 신비스럽기만 했습니다.
그 후 수녀님이 갈 때마다 지인의 아들은 눈에 띄게
회복의 모습을 보여주었고 지금은 퇴원하였다고 합니다.
그러면서 "주님의 손길은 우리에게 꼭 필요할 때
필요한 곳으로 인도하십니다. 딸 때문에
너무 노심초사하지 마세요" 하며 위로해 주셨습니다.
그 위로의 말씀이 꿀처럼 달콤했습니다.
많이 많이 감사합니다. 수녀님.

03

충주호

저는 가끔 충주에 갑니다.
4년이나 아래지만 속 깊은 친구를 만나기 위해서입니다.
충주는 서울에서 가자면 두 시간 남짓 걸립니다.
터미널에 가는 시간을 합해도
하루 여행하기에 참 좋은 거리입니다.
오전에 집을 나서면 그곳에 가서 점심을 먹고
실컷 이야기하고 돌아와서 저녁은 가족과 함께합니다.
그러기에 어디를 다녀왔는지 전혀 모릅니다.
서울에서 친구 만나는 시간이나 비슷하지만
여행하는 기분을 들게 해서 마음이 설렙니다.
친구한테 갈 때면 미리 선물도 장만합니다.
'무엇이 그녀를 기쁘게 할까?' 고심하며 선택합니다.
막상 무엇을 선택해도 그녀는 얼굴 가득 기쁨을 드러냅니다.
그리고 오는 길에는 그녀 또한 무언가 건네줍니다.
그러면 제 입꼬리도 귀에 걸리지요.

그녀와는 오래전에 잠깐 컴퓨터 배우다 우연히 만났는데
그사이 우린 즐겁게 동행하는 친구가 되었습니다.
"네 처음은 미약하지만 나중은 창대하리라"는 말이 생각날 만큼
처음보다 점점 우정이 돈독해지는 친구이기도 하답니다.
친구에게는 두 남매가 있습니다. 아들도 실하지만
제게는 딸아이가 더 기억에 남고 애착이 갔습니다.
처음 만났던 당시 친구의 경제적인 흐름이
조금씩 기울고 있었습니다.
하필 그때 딸이 초등 2학년 학급 반장이 되었습니다.
아무도 무어라 하지 않았지만,
딸은 반 친구들과 담임선생님, 엄마 사이에서
더 완벽한 반장이 되기 위해 생각이 많았던 것 같았습니다.
얼마나 고심이 컸던지 그 작은 머리에 원형 탈모가 생겼답니다.
결국 친구는 친정이 있는 충주로 이사를 단행했습니다.
저는 그다음 성장 과정에도 관심이 생겨
궁금할 때마다 자연스레 묻고 또 듣게 되었습니다.
친구는 그곳에서도 넓은 길도 지나고
좁은 길도 만난 것 같았습니다.

올곧게 자란 딸은 충주에서 초등과 중등과정을 마치고
경기도에 있는 특성화 고등학교에 입학했습니다.
몇 년 전 방영되었던 드라마의 배경이 된 학교입니다.
저도 그 드라마를 보았기에 멋진 학교 건물이 떠올랐습니다.
언뜻 보면 외국의 귀족학교 같기도 하고
대학 캠퍼스 같기도 한데 국립 고등학교라고 합니다.
입학하고 보니 성적만으로 다니기에는
다소 버거운 복병이 기다리고 있었다고 합니다.
학교 분위기에 잘 어울리는 그들과 함께 지내기가
많이 힘들었던 것 같았습니다.
친구들의 노골적인 무시와 냉대,
자연스레 이어지는 왕따 속에서
옥상에 올라가 밑을 내려다본 적도 있었다고 합니다.
마음속에는 학교를 무사히 졸업만 해도
성공할 수 있을 것 같았답니다.

그런 중에 주님께서 의인의 슬픔을 그냥 넘기지 않으시고
자비를 베푸셨습니다. 토론대회를 마련해 기회를 주신 것입니다.
그녀는 학교 대표로 전국대회에 출전하여 은메달을 획득하며
멋진 모습으로 그들에게 다가선 것이지요.
그 후에도 여러 대회에서 우승의 영광을 차지하며
경제를 넘어서서 실력만으로도
당당하게 살아갈 수 있음을 보여주었습니다.
물론 고등학교를 무사히 졸업했으며
원하는 대학에 우수한 성적으로 입학하고 졸업했습니다.
지금은 국비 장학생으로 독일에 유학 중입니다.

이제까지 오랜 시간 동안 그녀의 성장 과정을
관심 있게 지켜보았는데 정작 그 아이는 저를 모를 것입니다.
귀와 입으로만 알고 있으니까요. 모르면 어떻습니까.
더 멋지게 성장해서 자신과 나라의 영광을 드러내기 바랍니다.
다만 이제까지 자기를 지지했던 보이지 않은 손길 중에
이 아줌마도 있었다는 것을 기억해 주면 고맙겠다는 바람입니다.

이런저런 추억을 떠올리며 지난주 충주에 다녀왔습니다.
친구가 월악산에 가자고 초대해서랍니다.
들뜬 마음에 등산화를 신을까 운동화를 신을까 고민하다
운동화를 신고 나섰습니다.
충주 가는 고속도로 주변은 온통 푸르름이 가득하였습니다.
옛날에 비해 우리나라 산들은 늠름해지고
호화스러워진 것 같습니다.
우리 어릴 때 식목일은 나무 심는 행사가 있는 날이었지요.
이제 그런 행사를 하는 곳은 없는 것 같은데
어디를 봐도 식목은 성공한 것같이
하늘을 향해 죽죽 솟아오르는 나무, 나무들입니다.

터미널에 도착하니 그녀가 차를 가지고 기다리고 있습니다.
언뜻 보니 샌들을 신고 있네요.
"산에 가자더니 웬 샌들이야?"
"월악산 국립공원 주변을 드라이브하자고요."
운동화 신고 오길 잘한 것 같습니다.
잠시 차를 달려 도착한 곳은 한식 뷔페집입니다.
점심을 든든히 먹고 길을 나섰습니다.

드라이브하려고 나선 길은 언니들과 자주 가는 코스랍니다.
친자매끼리 근처 온천욕까지 포함해서
월악산 국립공원 드라이브 한 세트를 만든다고 합니다.
구름 한 점 없이 푸른 하늘 아래
오가는 차도 드문 숲길을 달리다 보니
간간이 가로수로 만들어지는 터널을 지나기도 하였습니다.
이렇게 멋진 숲길을 달리는 것이
복잡한 도시에 사는 우리의 로망 아닐까요?

한참 가다 월악산 닷돈재 캠핑장에서 잠시 쉬기로 했습니다.
나무 그늘 속으로 들어가 서성거리며
심호흡도 하고 골짜기를 흐르는 물에 손도 씻었습니다.
다시 길을 재촉해서 가다 보니 '미륵 세계사'란 이정표가 보입니다.
'세계사?…' 이름이 다소 생소하게 느껴졌습니다.
왜 그랬는지 알 수 없지만 국어, 영어, 국사, 세계사 등등
학교에서 배운 교과목이 떠올랐습니다.
학교 수업시간을 상상하며 미륵 세계사에 가보기로 했습니다.
그런데 하필 세계사에 있는 미륵이
보수 공사 중이라 볼 수 없었습니다.
미륵 주변에 가건물을 세워놓고 막으로 쳐놓아서
구멍 사이로 보라고 하는데
어른거리고 무엇이 무엇인지 알 수 없었습니다.
잘 보지는 못했지만 미륵의 얼굴 부분은 깨끗하게 빛나고 있는데
몸통 부분에는 이끼가 덮여 있다고 합니다.
전설에 의하면 온몸의 이끼가 다 없어지는 날이 오면
우리나라에 큰 행운이 생긴다고 한답니다.
행운이 몰려오면 오죽이나 좋겠습니까.
이끼가 하루빨리 없어지기를 간절히 소망합니다.
공사가 끝나는 날에 다시 와봐야겠습니다.

미륵은 볼 수 없었지만, 여기저기 기웃거리는 우리에게
스님이 오셔서 절에 있는 보물에 대해 말씀해 주셨습니다.
절에는 5층석탑 등 보물들이 여럿 있다고 합니다.
척 보기에도 거북처럼 보이는 큰 바위가 있고
석등과 석탑등이 보입니다.
아래로 내려와 미륵 세계사를 끼고 왼쪽으로 걸어가니
오르기 편한 길이 나왔습니다.
한참 오르니 길 끝에 넓은 절터가 보입니다.
월악산이 악산이 맞나 봅니다.
절터 여기저기 집채만 한 돌덩이들이 산재해 있습니다.
가만히 보니 이미 다듬어진 돌들도 많이 보입니다.
손길이 간 돌 위에는 연꽃도 피고
사자들도 무리 지어 앉아 있습니다.
저쪽에는 한 석공이 집채만 한 돌 위에
꽃잎을 새기고 있었습니다.
그는 아무도 없는 산속에서
어떤 마음으로 돌덩이에 혼을 넣는 것일까?
이미 오랜 세월의 흔적이 돌덩이에 새겨져 있는데
얼마나 더 시간이 지나야 석공의 손길이 끝날까?
왠지 숙연해졌습니다.

우리는 아무것도 하지 않았지만,
우리의 들뜬 마음이 가볍게 드러날까 조심스러워졌습니다.
나름 예의를 지키고 있었지만,
이방인 같은 우리가 그분과 그 빈 절터에
행여라도 누가 될 것 같아 얼른 내려왔습니다.
한참 내려가니 올라올 때 보지 못했던 돌나물이 보였습니다.
어쩜 저리 예쁠까?
포동포동 살이 오른 연둣빛 돌나물이 무리를 이루고 있었습니다.
눈길이 마주치자 얼른 주저앉아 손길을 바쁘게 움직였습니다.
잠깐 수고했는데 수북해졌습니다.
산에서 얻은 선물로 가는 길이 더 흐뭇해졌습니다.
다시 차로 한참 오다 보니 충주댐이 보였습니다.
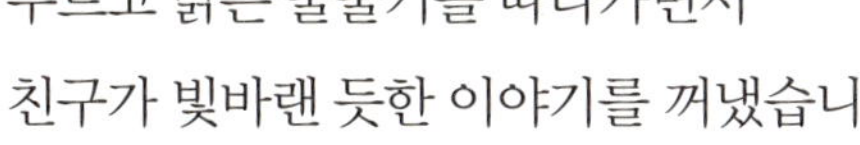
푸르고 맑은 물줄기를 따라가면서
친구가 빛바랜 듯한 이야기를 꺼냈습니다.

아주 오래전 그곳이 첩첩 산속이던 시절 이야기입니다.
월악산 어느 암자의 노스님이 세 가지 예언을 하셨다고 합니다.
달빛이 이곳 물에 비치면 여자 지도자가 나온다고 예언하셨답니다.
산속에 호수처럼 고인 물이 있을 리 없었습니다.
따라서 전혀 기대조차 할 수 없는 상황이었기에
그 예언을 들었던 사람들은 별로 무게를 두지 않았다고 합니다.
그런 그곳에 충주댐이 생겨 물속에 달빛이 비치면서
스님의 첫 번째 예언이 기가 막히게 실현된 것이지요.
너무나 뜻밖의 모습으로 변화되면서
예언에 관심을 갖게 되었는데, 세월이 흐르면서
여자 지도자에 대한 두 번째 예언도 적중한 것입니다.
놀라우리만큼 정확하게 예언이 실현되자
당연히 제3의 예언에 더 많은 관심이 쏟아지게 되었다고 합니다.
스님께서 언급하신 제3의 예언은
여자 지도자 다음으로 나오는 분이
우리나라를 반석 위에 올려놓을 수 있는 분으로
덕치를 베풀 성군이라는 것입니다.

친구는 유난히 마지막 예언에
특별히 기대를 갖고 있었습니다.
시간이 지나면 진위가 가려지겠지만
제3의 예언이 일치하는 시간은
아직 도래하지 않았다는 것이 제 생각입니다.
첫째와 두 번째 예언도 많은 시간을 두고 이루어졌기에
세 번째 예언이 실현되려면 우리가 측정할 수는 없지만,
시간이 더 필요할 것 같다는 것이 저의 생각입니다.

그런데 친구는 무슨 생각을 하는지
지금이 바로 그 시기라면서
만면에 희색이 넘치고 기대에 차 있습니다.
마지막 예언에서 우린 날카로워졌습니다.
그때가 지금이라면 지금 덕이 넘치고 있느냐는 것이지요.
과정이 내 뜻과 다소 다르더라도 행복하게 마무리된다면
무얼 더 바라겠는가 싶기도 합니다.
하지만 아무리 생각해도 현재는 시기적으로 무리가 있고
세 번째 예언의 마무리가 아닌 것 같습니다.

친구와 저는 많은 면에서 성향이 비슷하지만
이런 면에서는 반대입니다.
그녀는 철저한 진보이고 저는 완벽한 보수입니다.
잘 나가다가도 다른 뜻을 가진 대화를 하면 예민해집니다.
하지만 시기, 중상, 모략, 폭언 그런 것은 전혀 안 합니다.
진지하게 자기주장을 하고
상대 이야기에 신중하게 귀 기울입니다.
그러다 웃으며 끝맺음합니다.

맛있고 보기에도 먹음직스러운 요리는
여러 가지 식재료를 정성껏 다듬고 씻고
볶기도 하고 찌기도 하면서 만들어지겠지요.
그렇듯이 친구와 저도 여러 감성이 모여서
더 돈독한 관계를 유지하게 되는 것 같기도 합니다.
그러나 우리보다 훨씬 훌륭하신 분들은
그렇게 하기 힘든 모양입니다.
오늘은 스님의 마지막 예언에서 첨예하게 맞섰지만
시간에 맡기고 화제를 돌렸습니다.

터미널이 보입니다.
이제는 헤어져야 할 시간, 다음에 다시 만나요.
우리 만남은 이렇게 끝났습니다.
안녕!

04

티나쉬 이야기

보호센터에 티나쉬라고 부르는 친구가 있습니다.
우리 딸이 인디언식으로 붙여준 이름입니다.
왜 티나쉬일까 궁금했습니다.
그 친구가 자주 쓰는 단어라고 합니다.
외국에서 살다 온 그녀가 사용했던 단어 중 하나인 것 같습니다.
제 생각에 아마도 finish며 부여된 일이 끝났다고 생각할 때
후렴처럼 듣기도 했고 따라하는 말이 아니었을까 상상해 봅니다.
그것이 우리 딸 귀에 티나쉬라고 들렸겠지 생각했습니다.

티니쉬를 볼 때마다 그녀 손에는 태블릿PC가 들려 있습니다.
자신에게 유용한 사이트를 잘 활용하여
검색하고 보고 듣는다고 합니다.
베르나르 베르베르의 소설『뇌』를 생각하게 합니다.
교통사고로 식물인간이 된 사람이
눈동자를 통해 소통하는 부분이 떠오릅니다.
티니쉬의 뇌도 엄청난 상상과 생각이 넘쳐나는 것 같습니다.
단지 그것을 바르게 드러내는 방법을 알지 못하기 때문에
혼자만의 세계에 머무는 것은 아닐까 싶기도 합니다.

센터에서 지난번 동해안으로 가족 나들이를 갔을 때입니다.
여전히 티니쉬 손에는 태블릿PC가 들려 있었습니다.
한참 가다 보니 같은 노래가 반복적으로 들려왔습니다.
영화 '라이온 킹'에 삽입된 OST인 것 같았습니다.
그런데 한 곡을 전부 듣는 것이 아니라 신기할 정도로
자신이 원하는 부분만 잘 발췌해서 듣고 또 들었습니다.
한 부분만 반복적으로 들려와서 한참 듣다 보니
집단적으로 중독되어 가는 것 같았습니다.
티니쉬가 말없이 보여준 반복의 힘이었습니다.

그 친구는 유모차를 타고 다닙니다.
그녀의 발인 유모차를 조정해 주는 이는 엄마입니다.
흰 치아를 드러내고 미소 지으며 별일 아니라는 듯이
유모차를 밀고 다닙니다.
유모차뿐 아니라 티니쉬의 일거수일투족이 엄마의 몫입니다.
엄마는 무슨 일이 일어나도 다 덮어줄 것 같은 큰 미소를 지으며
그녀의 손과 발이 되어주고 있습니다.
소음처럼 들리는 티니쉬의 의사 소통 방법도 잘 듣고 해석합니다.
아마도 30년 가까이 쌓인 엄마의 내공이겠지요.

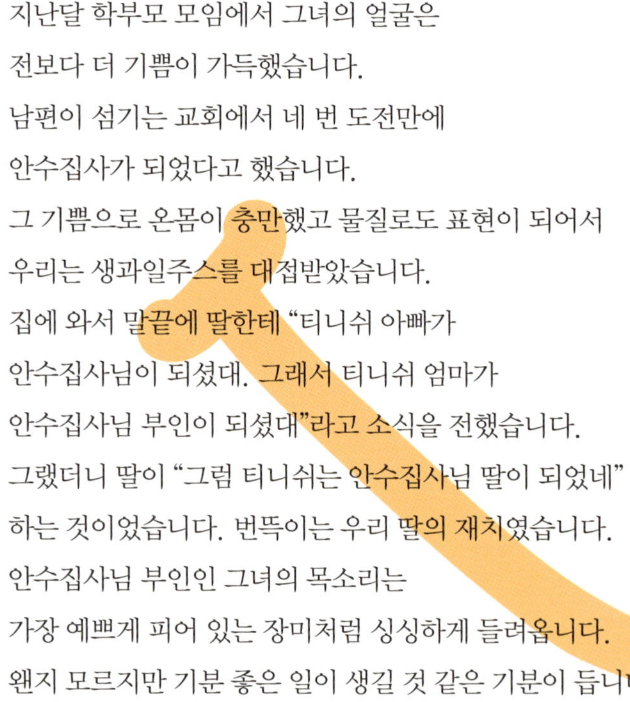

지난달 학부모 모임에서 그녀의 얼굴은
전보다 더 기쁨이 가득했습니다.
남편이 섬기는 교회에서 네 번 도전만에
안수집사가 되었다고 했습니다.
그 기쁨으로 온몸이 충만했고 물질로도 표현이 되어서
우리는 생과일주스를 대접받았습니다.
집에 와서 말끝에 딸한테 “티니쉬 아빠가
안수집사님이 되셨대. 그래서 티니쉬 엄마가
안수집사님 부인이 되셨대”라고 소식을 전했습니다.
그랬더니 딸이 “그럼 티니쉬는 안수집사님 딸이 되었네”
하는 것이었습니다. 번뜩이는 우리 딸의 재치였습니다.
안수집사님 부인인 그녀의 목소리는
가장 예쁘게 피어 있는 장미처럼 싱싱하게 들려옵니다.
왠지 모르지만 기분 좋은 일이 생길 것 같은 기분이 듭니다.

지난해 티니쉬가 병원에 입원한 적이 있습니다.
순간의 부주의로 골절상을 입었습니다.
센터에 갔다가 우연히 티니쉬를 만났습니다.
엄마는 땀을 흘리며 딸의 유모차를 밀고 있었습니다.
거의 치료가 끝나가는 것 같았지만
병원에서 지쳤을 듯싶은데도 미소를 품고 있었습니다.
근심과 걱정이란 놈이 왔다가
미안해서 돌아가지 않을까 싶을 정도입니다.
소문만복래(笑門萬福來), 웃으면 복이 온다고 하지요.
만복의 주 하나님은 그녀에게 어떤 복을 준비하고 계실까요?

05

훌라후프

딸이 처음 센터에 다니기 시작할 때입니다.
센터에 훌라후프를 멋지게 돌리는 친구가 있었습니다.
딸이 생전 처음 훌라후프를 접한 날이기도 합니다.
물론 TV에서 묘기로 돌리는 모습이나
다른 이들이 돌리는 것을 먼발치에서 본 적은 있습니다.
그러나 딸의 손에 진짜 훌라후프가 들리게 된 것은
처음이었습니다. 왜 그때까지 훌라후프를 접하지 못했는지
모르겠지만 체육에 관심이 적었고
그다지 필요성도 느끼지 못했었나 봅니다.

어찌 되었든 훌라후프가 주어졌고
시간이 있어서 돌리게 되었습니다.
앞에서 돌리고 있는 친구의 허리에서는
훌라후프가 마치 춤을 추듯 끝없이 돌아가고 있었습니다.
우리 딸 허리에선 매번 두세 번 돌다가
바닥에 뚝 떨어지곤 하였습니다.
그렇게 몇 번 시도하다가 그만 싫증을 내고
훌라후프를 내려놓는 것이었습니다.
제가 처음 목격한 광경이었습니다.
그 후에는 어찌 되었을까 궁금해서 알아보았습니다.
들리는 것은 우울한 소식이었습니다.
딸이 훌라후프를 돌리면
사람들의 웃음거리가 된다는 것입니다.

그도 그럴 것이 딸의 몸은 그대로 있고
훌라후프를 손으로 휙 돌리면
훌라후프가 몸을 서너 바퀴 돌고는
밑으로 떨어진다는 것입니다.
그러면 들어서 다시 손으로 휙 돌리고
떨어지면 들어서 다시 돌리곤 한답니다.
진짜로 훌라후프가 돌아간다는 것이지요.
그래서 훌라후프 배우기 대작전을
실행하기로 마음먹었습니다.
생각해 보니 저조차 훌라후프를 해본 적도
필요성을 느낀 적도 없었습니다.
체육용품점에 가서 훌라후프를 구매하고
곰곰이 연구했습니다. 가장 우선해야 할 것이
허리가 돌아가야 되는 것이 아닌가 싶었습니다.
딸은 고정시킨 기둥처럼 허리를 꼿꼿하게 세우고
돌리지를 못했습니다.

우선 허리와 엉덩이를 움직이게 훈련시키려 했습니다.
거실 네 곳에 포인트를 주었습니다.
왼쪽, 앞쪽, 오른쪽, 뒤쪽 포인트 위치에
적당한 네 개의 물건을 두었습니다.
의자, 공, 볼펜, 강아지 등을 놓고
의자 하면 의자가 있는 쪽으로 엉덩이와 허리를 움직이고
공 하면 공이 있는 쪽으로 움직이게 하였습니다.
처음에는 너무 어색하게 엉덩이와 허리가 움직였습니다.
운동신경도 부족하고 흥미가 떨어지니까
날마다 해도 유연해지지 않았습니다.
길게 가자는 마음을 갖고 그냥 반복적으로 시도했습니다.
애를 쓰는 시간이 많이 지나자
처음보다 허리가 훨씬 자유롭게 움직여주었습니다.

다음 단계로 훌라후프를 허리에 끼우고 움직이게 했습니다.
처음에는 제가 딸의 허리에 훌라후프를 들고 서서
허리를 돌리며 훌라후프에 닿도록 움직이게 하였습니다.
간단할 것 같은 하나의 동작도 반복하며
연속적으로 실시하였습니다.
훌라후프의 작은 원 안에서
제법 허리가 움직이게 되었습니다.
이제는 자신이 훌라후프를 들고 허리를 돌리게 하였습니다.
이것도 차츰 자연스럽고 익숙하게 되어서
마지막 단계로 들어갔습니다.
허리를 돌리면서 훌라후프를 돌리게 하였습니다.
거실 바닥에 카펫과 방석을 깔고
소음이 발생하지 않게 주의하였습니다.
그렇게 연습했는데도 서로 각자 돌면서
훌라후프가 밑으로 떨어졌습니다.
바닥에 떨어진 훌라후프를 들어서
다시 돌리고 또다시 돌렸습니다.
우리 딸에게 이렇게 끈기가 있었나 놀라웠습니다.

연습시간이 계속 이어지자
훌라후프 돌아가는 시간도 점차 길어졌습니다.
가만히 보니 떨어질 만하면
떨어지기 전에 손으로 훌라후프를 잡고
다시 시작하는 것이었습니다.
그렇게 3개월에 걸친 훌라후프 훈련을 마무리하였습니다.
게다가 센터에 가면 확실한 훌라후프 조교가 있어서
일취월장이었습니다.
지금은 떨어뜨리지 않고
백 번 이상 돌리는 것을 보면 흐뭇합니다.
무슨 일이든 반복 훈련 앞에는
당할 재간이 없는 것 같습니다.

"딸아! 고맙구나. 싫증 내지 않고 꾸준히 연습해서
변화된 모습을 보여주었구나.
열심히 해주어서 딸아! 정말 장하고 고맙다."

06

서울 숲

서울 숲에서 친구와 만나기로 하였습니다.
멀지 않은 근처에 있다고 들었지만 어디에 있는지 모르고
예전에 가본 적이 없는 곳이었습니다.
어떻게 그곳을 알고 만나자고 했는지 궁금했지만,
기회가 되면 꼭 한번 가보고 싶었던 곳이었기에
설레는 마음으로 일찍 도착했습니다.
막상 와보니 정말 추천할 만한 곳이었습니다.
집에서 그다지 멀지 않는 곳에 있었으며
많은 사람들이 이미 알고 찾는 곳 같았습니다.
곳곳에 아름드리나무들이 우거져 있고
광장은 시원하였고 호수도 멋스러웠으며
그늘 속에는 바람이 함께해 주었습니다.
여기저기 소풍 나온 친구들 무리도 있었고
가족끼리 친구끼리 모여 있음이 여유로워 보였는데
마치 평화로운 그림을 보는 듯했습니다.

친구에게 어떻게 이곳을 생각했냐고 물어보니
유치원 원장할 때 꼬마들을 데리고 자주 왔는데
한가로울 때 꼭 다시 오리라 생각했다고 합니다.
우리는 숲에서 한참을 머물며 분위기에 취했습니다.
그러고 있자니 몇 년 전에 있었던 일이 떠올랐습니다.

어느 늦은 여름 주말이었습니다.
딸에게 영화를 보러 가자고 했습니다.
무료해 보여서 분위기를 살려주려고 가자고 한 것이었는데
무엇에 화가 났는지 가지 않겠다고 트집을 잡았습니다.
갈 듯하다가도 고집을 부리기에 은근히 부아가 나서
딸을 제쳐놓고 아들과 가기로 합의를 보았습니다.
딸은 할머니와 집에 있고 아들과 영화를 보기로 하였습니다.
우리는 다소 먼 곳에 있는 영화관에 가서
느긋하게 관람하고 집에 왔습니다.

현관을 열고 집에 들어서는데 왠지 썰렁한 기분이 들었습니다.
할머니 혼자 계셨습니다. 의아해서 물어보니
딸이 엄마와 함께 가겠다고 바로 따라 나갔다는 것이었습니다.
우리가 집을 나서고 시간이 좀 지났지만 들어오지 않자
만나 같이 있으려니 생각하셨답니다.
집을 나설 때부터 지금까지 다섯 시간이 지났으니
한참 어긋난 것입니다.
딸아이 혼자서 지금까지 어디서 무엇을 하고 있을까 생각하니
눈앞이 깜깜해졌습니다.
어떻게 해야 할지 몰라 손과 발이 따로 다니는 것 같았습니다.

먼저 경비실이 생각났습니다.
어떻게 어느 쪽으로 지나갔는지 짐작이라도 해보려고
CCTV를 살펴보았습니다.
우리가 나간 10분 후쯤 급히 나가는 모습이 잡혔습니다.
이제 어떻게 해야 하나 넋을 잃고 있으니
경비실에서는 이해를 못하는 눈치였습니다.
과년한 처녀가 집을 나섰는데
왜 저리 황망해하는지 그들이 어찌 알겠습니까.
우리가 이곳에 이사 온 지 얼마 안 되었고
혼자 다니기에 많이 부족한 사람임을 설명하니
경찰서에 연락하라고 했습니다.
알려주는 대로 경찰에 연락하고
친지를 불러 찾아보라고 부탁했습니다.
경비실에 도착한 경찰이 묻는 대로 답하고
최근 사진도 달라고 해서 가져가니
이번에는 경찰서에 함께 가자고 하였습니다.

이렇게 어영부영 한 시간이 또 지나고
경찰서에서 비슷한 과정을 겪고 나니 끝났다는 것입니다.
경찰에서 하는 일은 인터넷에 올리고
사람이 신고하면 찾아가는 것이랍니다.
잠시라도 함께 찾아볼 줄 알았는데
경찰이 하는 일은
거리에서 헤매는 딸을 발견한 신고자가 있을 때까지
기다리는 것이었습니다.
그러고는 경찰서에서의 모든 과정이 끝났으니
어서 찾으러 나가라고 했습니다.
이러면서 허망하게 30분이 또 지나갔습니다.
어디로 가야 하나… 눈앞이 깜깜했습니다.

이곳은 아파트만 나서면 동쪽으로는 동묘역과
서쪽으로는 신당역에 닿을 수 있으며
수많은 사람이 오가는 곳이고
온갖 버스가 줄지어 다니는 교통 요지입니다.
풍물시장과 벼룩시장이 있는 동묘역 쪽으로 가면
몇 백 년 전 골동품부터 최근에 만든 외제 과자까지
다양한 물건을 만날 수 있지요.
거기다 물건을 보러 오는 사람, 팔러 나온 사람,
사려고 오는 사람 등 그야말로 온갖 사람이
모였다 사라지고 만났다 헤어지는 곳입니다.
신당 쪽으로도 점포와 점포가 줄지어 있으며
오래전부터 발달한 재래시장과
현대시장이 어우러진 곳입니다.

이곳 어디에 가서 사람을 찾아야 한단 말인가요.
여름이라도 이미 8시에 가까운 시간이라 주위는 어둑해지고
집으로 가는 사람들의 빠른 걸음이 있지
그 시간에 사람 찾아 나서는 처량한 발걸음은 없었습니다.
어디로 가야 하나, 어떻게 가야 하나.
"오 하느님! 오 안토니오 성인! 우리 딸 좀 찾아주세요."
목이 메어왔습니다.
딸이 혼자 헤맨 다섯 시간과 가족이 알고 헤매는 두 시간.
무려 일곱 시간이 지나가는데 우리는 실마리도 찾지 못하고
딸은 어디에서 길을 찾아 헤맬까 눈물이 앞을 가렸습니다.
저쪽 거리에 "우리 딸 송○○를 찾아주십시오"라는 현수막이
바람에 흔들리고 있었습니다.
어떻게 하란 말인가.

무작정 동대문역사문화공원 쪽으로 가닥을 잡았습니다.
마냥 울면서 소리치며 몇 분 걸어가는데 전화가 왔습니다.
아파트 경비실이었습니다.
전화를 받으니 딸이 아파트로 들어왔다는 것입니다.
“오! 하느님, 감사합니다”를 수없이 외치며 집으로 날아왔습니다.
날아갈 것 같은 그 기분을 누가 알 수 있을까요.
불과 몇 분 전까지만 해도 암흑천지를 걷고 있었는데
이제는 세상을 얻은 기분이 들었습니다.
“우리 딸이 집에 왔어요. 우리 딸이 집에 왔대요.”
겅중겅중 뛰며 그냥 소리치고 싶었습니다.
집에 들어서니 딸은 아무 일 없었다는 듯 기다리고 있었습니다.

‘딸아, 고맙구나. 무사히 집을 잘 찾아와서 정말 고맙구나.’

바라보는 것만으로도 기쁨과 행복이 넘쳤습니다.
많은 사람에 둘러싸여 쏟아지는 눈길을 두려워하는 것 같아서
방에 들어가 쉬게 했습니다.
이렇게 일곱 시간이 넘는 우리 딸 혼자만의 여행은
무사히 끝맺음하였으며 우리가 탔던 롤러코스터는
지옥행에서 천국행으로 마무리되었습니다.

다음 날 어디에 다녀왔는지 물으니
서울 숲에 다녀왔다는 것이었습니다.
일곱 시간 사투 끝에 찾아오기는 했지만
듣지도 보지도 못했던 서울 숲이라는 곳에서
그리운 가족에게 돌아가야 한다고
얼마나 치열하게 생각에 생각을 했을까요.
표현은 안 했지만 혼자 얼마나 당황스러웠으며
두려웠을까 생각하니
가슴이 꽉 막히는 것같이 아팠습니다.
그래서 서울 숲이 두려워졌고
가고 싶다는 생각이 들지 않았습니다.
언젠가 자연스럽게 기회가 생기면
그때 가겠다는 마음을 가졌습니다.
그래서 이제껏 서울 숲을 잊고 있었던 것입니다.

딸의 행로를 가만히 짚어보았습니다.
엄마 찾아 집을 나선 후 무작정 걸어서 왕십리역을 지나고
한양대역을 지나고 뚝섬역을 지나 서울 숲에 다다랐겠지요.
걷다 보니 그곳에 서울 숲이 있었던 것이고요.
그렇다 치더라도 어떻게 집에 돌아올 수 있었는지
너무 궁금한데 아직도 미궁입니다.
자신만의 능력인지 도무지 설명해 주지 않습니다.
우리가 허둥대며 지옥 속을 헤맸던 시간을
딸아이는 어떻게 맞서서 차분히 찾아왔던 것일까?
한 번도 가보지 않은 미로 속을
어떻게 바르게 돌아 나왔는지 많이 궁금합니다.
그녀만의 길 찾는 비결이라도 있는지
허둥거리거나 두려움에 싸이지 않고 당당하게 웃으면서
집에 돌아온 것을 보면 경이롭습니다.

평소 딸은 공간지각 능력이 부족해서
몇 번 간 곳도 잘 찾지 못하고 헤맬 때가 많은데
멀고 험한 길을 혼자 차분히 걸어서 원점으로 돌아오는 능력이
어디에 숨어 있었을까.
저는 처음부터 딸의 발걸음을 꽃길로만 인도하신 분이
계심을 믿습니다. 그분은 우리 눈에는 보여주지 않으셨지만
딸의 손을 잡고 즐겁게 여행에 동행해 주신 것 아닐까요.
그때 딸에게는 영화 보기가 아니라
공원 산책하기가 더 필요했었던 것 같습니다.
그래서 그분께서 친히 손잡고 함께해 주신 것이겠지요.

"주님, 길었던 산책길을 무사히 인도해 주셔서 정말 감사합니다.
서울 숲 잘 지켜주셔서 참 고맙습니다. 자주 올게요."

07

휠체어 엄마

그곳에서 그녀를 만나리라고 전혀 상상하지 못했는데
뜻밖에 그녀를 만났습니다. 하긴 무슨 교육 장소였기에
만날 수 있는 확률이 조금 있기는 했지만 의외였습니다.
그때까지 그녀와 센터 학부모 모임에서 마주하긴 했지만
의미 있는 대화를 한 적도 없고 그저 얼굴만 익힌 정도였습니다.
그런 그녀를 마주하게 된 것입니다.
반갑다기보다 다소 어색한 분위기였는데
동지의식이 생겨 공통분모를 넓혀가며 대화의 물꼬를 텄습니다.
그러다 점차 그녀의 절대 수다 속으로 끌려 들어갔습니다.
그리고 신선한 감동으로 무슨 말을 덧붙일 수도 없었습니다.
그녀의 딸 휠체어에 대한 이야기였습니다.
딸이 처음 세상에 태어났을 때
의사 선생님에게 기가 막힌 진단을 들었다고 합니다.

출생 시 아이 상태로는 평생 앉지 못하고
누워 지낼 수밖에 없다고 하였답니다.
하늘이 무너지고 가슴이 내려앉았다고 합니다.
오죽했을까 싶었습니다. 게다가 시간이 지나자
아이는 경기(驚氣)까지 하더랍니다.
고열에 경련을 일으키고
손발을 뒤틀며 몹시 괴로워했다고 합니다.
병원에 가서 처방받은 약을 먹이면
경기는 안 했지만 잠만 잤다고 합니다.
그래서 병원에 가서 문의하니 경기를 막으려고
잠을 재우는 것이라는 대답을 들었답니다.
재우지 않고 경기를 막는 약은 없다며
아이가 힘들어하는 것보다 자는 것이 낫지 않겠냐고
오히려 반문하더랍니다.

엄마는 돌아서서 나오면서
의사 선생님 옆에 있는 휴지통에 약을 버리고는
내가 재우지 않으면서 아이의 경기를 고치겠다고 선언했답니다.
그리고 아이를 위한 일에 전력을 기울이게 되었답니다.
엄마는 기술이 있어 남편과 자영업을 하면서
바쁘게 시간을 보내고 있습니다.
그 빠듯한 시간 사이사이에 책도 찾아보고 물어도 보면서
아이에게 필요한 것을 실천해 나간 것 같았습니다.
먼저 맑은 공기와 신선한 먹거리에 중점을 두었다고 합니다.
시간이 되는 대로 공기가 가장 맑은 곳이라 생각되는
강원도 쪽으로 데려갔답니다.
산으로 조용한 농촌으로 거의 살다시피 다녔답니다.
맑은 공기 다음으로 먹거리에 신경을 썼답니다.
항상 삼시 세끼를 따뜻하게 지어 먹이고
모든 식자재는 무농약으로 식단을 짰고 실천했다고 합니다.

몇 년을 지치지 않고 실천했더니 경기 증세에서 오는 고열과
경련 증상이 없어지고 고통도 사라졌다고 합니다.
요즘은 뇌성마비 현상으로 가끔씩 팔을 휘젓기는 하지만
경기하면서 오던 증상은 없어졌다고 합니다.
게다가 평생 누워 있을 것이라던 아이는 휠체어에 앉게 되었답니다.
도전의 끝은 거기가 아니라 오늘도 계속 이어진다고 하였습니다.
꾸준히 재활치료를 받으면서 자리에서 일어설 수 있게 되었고
걷기에 도전하여 발을 한 발자국씩 떼어놓고 있답니다.

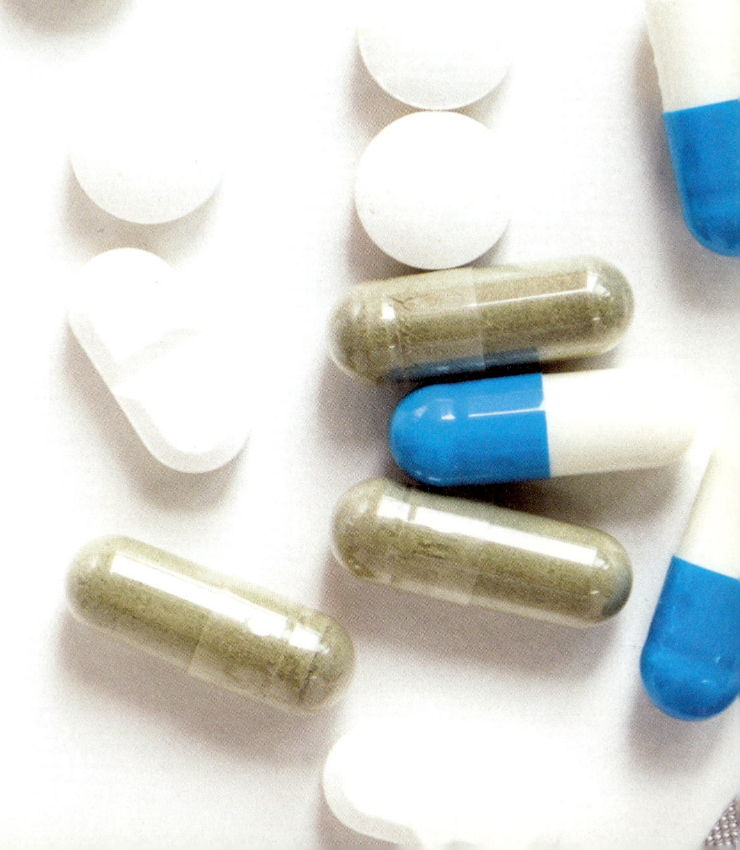

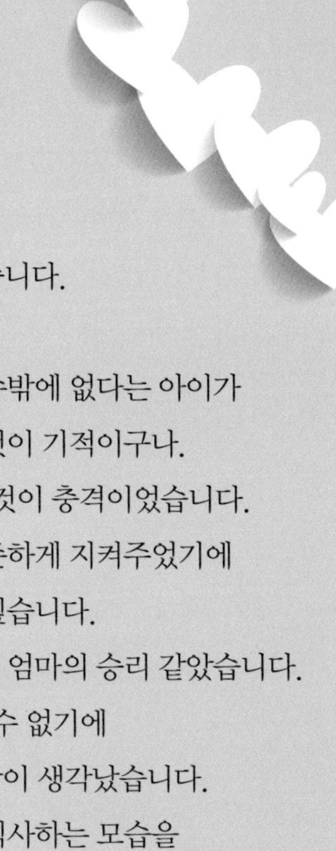

다음 목표는 10미터 걷기라고 하였습니다.
당신은 어떻게 생각하십니까?
과학적인 판단으로 평생 누워 있을 수밖에 없다는 아이가
걷는 목표를 갖게 되었다니… 이런 것이 기적이구나.
이처럼 숭고한 기적도 있구나. 모든 것이 충격이었습니다.
딸을 향한 엄마의 지극한 정성이 꾸준하게 지켜주었기에
만들 수 있었던 기적이 아니었을까 싶습니다.
과학을 넘어 불가능을 가능으로 바꾼 엄마의 승리 같았습니다.
"하느님께서는 여러 곳에 모두 계실 수 없기에
어머니를 창조하셨다"는 유대인 속담이 생각났습니다.
지난번 모임에서 휠체어 탄 아이가 식사하는 모습을
유심히 살펴보았습니다. 특수 제작된 그녀만의 수저로
열심히 식사하고 있었습니다.

사방으로 밥알이 튀기는 하지만 그렇게 되기까지
엄마의 부단한 노력이 있었겠구나 생각하니 눈물겨웠습니다.
게다가 딸아이가 집에서는 꼼꼼하게
집안 단속, 가스 단속도 한다며 마구마구 자랑합니다.
작은 체구의 엄마는 두 눈을 반짝이며 하나라도 빠질세라
차근차근 자신과 딸 이야기를 실타래 풀어내듯 이어나갔어요.
언젠가 그 언젠가 휠체어를 내려놓고
육상선수에 도전하지 않을까 하는 생각마저 들게 했습니다.
그땐 우리 딸이 그 아이에게 어떤 이름을 붙여줄까요.
과학보다 앞서가는 엄마의 지극정성을 보면서
나도 엄마인데 얼만큼 충실했나 반성하였습니다.
그리고 미안한 마음뿐임을 고백합니다.

"미안해. 미안해. 정말 많이 미안해."

08

길가에 앉아서

그해 정월 초이튿날 아들, 딸과
용인에 있는 공원묘원에 가기로 하였습니다.
그곳에는 저의 남편이며 아이들 아빠인 권 스테파노가 있습니다.
스테파노는 참 훌륭한 아빠였고 남편이었습니다.

근무하던 직장에서 정년 퇴임한 후 집에서 지낼 때였습니다.
마침표 없이 이어지는 휴식시간이 다소 무료한 시간으로
변해갈 무렵이었습니다. 태국에서 자리 잡은 친척의 권유로
그곳에 가서 사업을 하기로 했습니다. 자국에서도 힘든 사업을
늦은 나이에 외국에서 한다기에 멈칫했지만
그들의 설명을 들으면 왠지 괜찮아 보였습니다.
남편은 한 번도 사업을 해본 적이 없지만,
외국어도 능통했고 관리 능력도 좋았으며
지인도 많아서 잘될 것 같았습니다.
더군다나 든든한 친척의 지원도 믿었기에
머뭇거리는 남편을 오히려 제가 부추기기도 하였습니다.
그래서 생애 처음 사업을 외국에서 하게 되었습니다.

그런데 친척만 믿고
사전 조사도 없이 시작한 사업이
현실과 잘 맞지 않았음이
오히려 당연한 결과였지요.
친척의 말과 달리
여기저기서 문제점이 속출했습니다.
매출은 오르지 않고
몇 년째 적자를 벗어나지 못했습니다.
게다가 사정이 그들한테 유리하게 돌아가는
현실을 직면했을 때
우리는 서서히 지쳐가고 있었습니다.
결국 쌓이고 쌓인 스트레스로
어느 날 남편이 쓰러졌습니다.
빠르고 적극적인 처치로
그곳 병원에서 이루어진
수술과 치료는 성공적이었습니다.
좀 더 완벽한 재활 치료를 위해 한국에 왔는데
뜻하지 않은 사고가 발생했습니다.
그래서 4년 전 운명을 달리하고
우리 곁을 떠났습니다.

그분을 만나러 가는 길인데 전날부터 내린 눈으로
그야말로 완벽한 눈길이 되어 있었습니다.
우리는 대중교통을 이용하기로 하였습니다.
전철을 타고 죽전까지 가서 택시를 탔습니다.
생각보다 더 빠르고 안전하게 도착하였습니다.
하얀 눈으로 덮인 산과 들이 그림 같은 풍경을 만들어주었습니다.
우리는 새해 인사와 기도를 드렸습니다.
그곳에서 바라본 하늘은 구름 한 점 없었고
햇빛은 밝게 비추어주었습니다.
겨울이라 금세 해가 질 터이니 아쉬운 마음을 접고
빨리 내려가자고 재촉하며 내려왔습니다.

집에서 나올 때는 즐거웠는데
돌아가는 길은 마냥 쓸쓸했습니다.
게다가 휴일이고 눈길이라
이곳까지 들어올 택시가 없었습니다.
입구까지 걸어 내려가기로 했습니다.
한 30분 정도 걸어야 하는데 조심스러웠습니다.
한적하지만 새소리도 들리고
상큼하기까지 한 눈길을 걷는 낭만을
아들과 딸은 전혀 느끼지 못하는 것 같았습니다.
억지로 따라오는 얼굴이 점차 굳어지는 것 같아
그냥 조심스럽게 내려왔습니다.
한참 내려오는데 딸이 "똥 마려워" 하는 것이었습니다.
"무슨 말이니 여기서 어떻게 하라고요. 조금만 참아라,
조금만 참아주세요." 애원했습니다.
여기저기 둘러보아도 화장실은 보이지 않았습니다.
내려오기 전에 화장실을 다녀왔어야 했는데
너무 서둘러 내려온 것이 화근이 된 것입니다.
그때 저만큼 떨어진 곳에 공장이 보였습니다.
저곳까지 가서 화장실을 찾아보자고 말하고는
급히 그곳을 향해 걸어갔습니다.

허둥지둥 앞서 걷는데 뒤에서 아들의 외침이 들렸습니다.
되돌아서 가보니 아들의 얼굴은 험악하게 구겨져 있는데
딸은 좀 전과 달리 멀쩡하게 서 있었습니다.
"왜 그러니" 하고 물으니 아들이 손가락으로 앞을 가리킵니다.
손가락 끝에 김이 모락모락 오르는 황금색 무엇이 있었습니다.
얌전히 앉아 있는 것은 분명코 변이었습니다.
더 참을 수 없었던 딸이 길가에 앉아서 변을 본 것 같았습니다.
아들의 얼굴은 점점 더 퍼렇게 질려갔고
딸은 애처로운 표정으로 처분만 바라는 듯했습니다.
상황이 그려지자 황급히 뒤처리에 들어갔습니다.
마침 저쪽 눈 속에 넙적한 것이 보이기에
얼른 가져와서 변을 모아 풀숲으로 던졌습니다.
몇 번 치우니 거의 말짱하게 처리가 되었습니다.
그 위에 눈을 끌어 모아 쓱쓱 비벼서 풀숲으로 던지니
냄새까지 처리된 듯했습니다.
어떻게 그 순간 그쪽에 그 판지가 있었을까.
그리고 어떻게 그렇게 깨끗하게 처리할 수 있었을까.
신비에 가까울 지경이었습니다.
모든 것이 일사천리로 처리되도록
보이지 않는 손이 인도해 주신 것 같았습니다.
하지만 차분히 생각할 상황이 아니었습니다.
아직 두 아이의 마음을 다독여야 할 이차 처리가 남았으니까요.

아들의 얼굴은 부끄러움과 분노에 일그러져 있었습니다.

"아들아, 만일 누이가 옷 입은 채로 실수했다고 해보자.
그러면 어찌 될지 생각해 보자. 지금 집에 갈 수 있을까?
상황이 무척 힘들어졌겠지. 사람의 생리현상을 어떻게 하겠니.
이해해 다오. 마침 오가는 차가 없었고 사람도 없었잖아.
아무에게도 보여주지 않았고 깨끗하게 뒤처리도 했잖아.
부끄러움을 참고 길가에서 엉덩이를 드러낸 누나의 용기가 있었기에
거의 깔끔하게 처리되었고 지금 넉넉히 집에 갈 수 있잖아.
누나한테 감사하자. 그리고 누나에게 괜찮다고 위로하자."

"딸아, 미안해. 그곳에서 화장실에 다녀오지 않고
급히 내려가자고 재촉해서 너를 힘들게 했네.
다음에는 네가 먼저 미리 다녀와라.
오늘은 미안하고 고마워. 집에 잘 갈 수 있게 해주어서."

우리 셋은 길가에서 꼭 끌어안았습니다.

그리고 입구까지 무사히 내려왔습니다.

집을 나설 때는 세 식구가 왔는데 돌아갈 때는
한 사람이 더 들어선 것같이 풍성한 마음으로 돌아왔습니다.

'스테파노 씨, 감사해요. 잘 지켜주셔서 고마워요.'

09

106동 엄마

백육동과 우리는 같은 아파트에 살고 있습니다.
우리는 102동, 그녀는 106동에 살고 있어서
우리 딸이 이름을 백육동이라고 부르게 된 것이랍니다.
같은 아파트에 살지만 서로의 삶이 다르기에
만나는 일은 거의 없었고
가끔 전화로 안부를 묻고는 하였습니다.
백육동과 엄마는 얼굴에 웃음 가득하고
둥글둥글한 모습이 붕어빵같이 닮았습니다.
그렇기에 그들을 마주할 때마다
행복함과 넉넉함이 느껴졌습니다.

그런 백육동한테 몇 년 전부터 이상증세가 보이더니
작년에 파킨슨병 유사한 퇴행성 뇌질환을 앓고 있음을
알게 되었습니다. 뇌신경이 소멸되고 있으며
루게릭병 증세도 보인다는 것입니다.
처음에는 움직임이 늦어지고 걸음걸이가 힘들어지더니
점차 음식물 소화 능력도 떨어진다고 하였습니다.
게다가 몸의 끝부분부터 점차 굳어지는 반응이 나타나며
손목이 휘어지고 몸이 기울어져 가고 있어서
간단한 활동하기에도 차츰 힘들어한다고 합니다.

올 초에 유전자 검사를 위해
외국으로 염색체 세포를 보냈다고 하였습니다.
좀 더 자세한 질병의 원인을 알아내
맞춤식 치료를 하기 위함이었고
지금은 결과 오기를 기다리고 있는 중이기도 합니다.
지난달 백육동 엄마한테서 전화가 왔었습니다.
그날은 전처럼 낭랑하게 들리던 목소리가 아니라
절망에 빠진 사람 같은 느낌이 들었습니다.
무슨 일이 생긴 것이 아닌가 싶어서
자세를 고쳐 앉았습니다.

최근 백육동이 감기 증세를 보여서
이웃에 있는 병원에서 진료를 받았다고 합니다.
그리고 처방받은 약을 두 번 먹은 후
뜻밖의 부작용이 나타났답니다.
감기약과 기존에 먹던 약이 뇌에서 충돌을 일으킨 것이지요.
백육동은 대학병원에서 정기치료를 받는데
감기 증세라 가볍게 생각했던 것이
화근이었다고 하였습니다.
아무리 가벼운 증세라도
꼭 그 대학병원에서 진료받고 약을 처방받으라는
담당 의사 선생님의 말씀을
잠시 잊었던 것이었지요.

우리 딸 같은 아이들은 일반인들에 비해서
통증을 덜 느끼는 편인데 약과 약의 충돌에서 빚어진
부작용의 고통이 너무나 심하답니다.
통증이 오면 온몸으로 분수처럼 땀을 쏟으며
엄청난 고통을 호소하고 전신이 기진맥진 상태가 될 때까지
신음을 끌어내고 있답니다. 얼마나 큰 충격을 받았는지
딸의 황폐해지는 모습이 눈에 확연히 보인다고 하였습니다.
옆에서 지키는 엄마도 딸의 아픔 속에서 혼을 빼앗기고
있는 것 같았습니다. 이러다가 딸이 고통 속에서
생명이 다할 것 같다고 하였습니다.
지금까지 제대로 살아본 적도 없는데
결국에는 아픔 속에서 삶을 마치는 것 아니냐고
더 이상 말을 잇지 못하고 오열했습니다.

그녀는 복받치는 눈물 속에서 뒹구는 것 같았습니다.
저도 흐르는 눈물을 감당할 수 없었습니다.
이제까지 그녀는 딸 앞에서 상당히 씩씩했습니다.
성실하고 능력과 기술이 있어 자영업체를 경영하기도 하고요.
혼자서 이것저것 모든 일을 처리하고 있어서
늘 바쁜 시간을 보내고 있음이 눈에 보였습니다.
바쁜 중에도 백육동 엄마는 병원에서 주는 약이 많고 강해서
몸에 또 다른 어려움이 생길까 봐 항상 신경 쓰고 있었습니다.
매 식사마다 도움이 될 식단을 엄중하게 선별하여 먹였으며
야채를 이용해서 해독주스를 끊임없이 만들었습니다.
해독주스는 양배추, 토마토, 당근, 브로콜리를
깨끗하게 세척한 후 적당량의 물을 넣고 살짝 끓입니다.
잘 끓인 것을 식혀서 갈아 먹인다고 했습니다.
매일 아침 해독주스를 꾸준히 먹으면 간에 쌓인 독성을
다소 제거할 수 있으며 변비에도 좋다고 저에게도 권했습니다.
그래서 열심히 실천하고 있습니다.

한참을 함께 울다 그녀가 힘없이 말했습니다.
“주님께서 실수하시는 것 아닐까요? 우리 아이들,
너무 가엾은 우리 아이들인데 왜 병까지 주셔서
이토록 아프게 하실까요? 주님이 정말 계시기나 할까요?”
교회 안에서 삶의 끈을 이어가고 있는 그녀가
절벽 위에 서 있는 사람 같았습니다.
하지만 그 누구라도 그런 말이 나왔을 것 같았습니다.
과연 하느님의 뜻은 무엇일까? 저는 답을 모르겠습니다.
왜 그런 아픔을 부족한 아이들한테 허락하셨는지
그 누가 알겠습니까. 그렇지만 용기를 내서
위로해 주어야 할 것 같았습니다.
“그럼에도 지금 우리가 할 수 있는 것은 기도뿐인 것 같아요.
지금은 비록 주님의 뜻을 알 수 없지만 시간이 흐르고 나서
바라보면 알게 되겠지요. 주님은 실수가 없으시니까요.
무언가 분명히 뜻이 있을 것입니다. 이것이 결코 내 맘에 들지
않더라도 우리는 주님의 뜻에 순종해야 할 것 같습니다.
저도 기억하면서 기도할게요. 우리 함께 힘을 모아요”라고 말했으며
변함없이 그렇게 생각하고 있습니다.

우리가 어찌 주님의 뜻을 알 수 있겠습니까.
주님, 부족한 저희를 용서하소서.
그리고 사랑하는 우리 아이들에게 당신의 크신 은총을 허락하소서!
그런데 주님, 제가 주님께 여쭤보고 싶은 것이 있어요.
흥분할까 봐 이영식 목사님의 말씀을 떠올리며 저를 다독거립니다.
목사님은 "왜냐고 묻고 싶을 때" 네 가지를 기억하라고 하셨어요.

1. 하느님은 항상 우리를 지켜보고 계시다는 것입니다. 우리를 결코 버려두지 않으심을 기억하고 믿음을 갖고 온전히 맡기라고 하였습니다.
2. 하느님은 항상 너와 함께하신다고 약속하셨음을 기억하라는 것이지요. 고아처럼 버려두지 않으시며 비록 어둠의 골짜기를 간다 하여도 재앙을 두려워하지 않으리니 당신께서 함께 계시기 때문이라고 시편 23편에서 확인해 주셨습니다.
3. 하느님은 나를 향한 목적을 갖고 계시다는 것입니다. 그러기에 우리는 상황이 어떨지라도 행복하게 살라는 것입니다.
4. 하느님께 감사하라는 것입니다. 이해할 수 없는 현실에도 하느님은 실패하시지 않으시기에 모든 것이 협력하여 선을 이루시는 주님께 감사하라고 말씀하였습니다.

그럼에도 불구하고 간절하게 주님께 왜 그렇게 하셨는지
여쭙고 싶은 것이 있습니다.
왜 하필 우리 딸에게 그렇게 하셨나요.
세상에 넘쳐나는 지혜를 왜 그리 부족하게 주셨는지요.
우리와 항상 함께 계시고 항상 우리를 지켜보시는 하느님,
우리 딸을 향한 목적이 무엇인지요.
어떤 소명을 주시고 기다리고 계신지요. 눈물이 납니다.
그러나 주님, 지금 눈물이 나오지만 웃으려고 합니다.
감사합니다. 백육동은 조금씩 회복되고 있다고 합니다.
우리 딸은 오늘도 건강하게 센터에 갔습니다.
그곳에서는 웃음 치료와 영성 활동으로 하루를 보낼 것입니다.
감사합니다.
어제저녁에는 자카르타 아시안 게임에서
금메달을 땄다고 기뻐했습니다.
기쁘게 삶을 바라보게 해주셔서 감사합니다.
감사합니다.

10

그것만이 내 세상

어느 날 아들이 서번트 증후군에 대한 이야기를 했습니다.
서번트 증후군이 있는 사람은 사회성이 떨어지고
의사소통 능력이 부족하기에 주로 혼자 지낸다고 하였습니다.
그러나 특정 영역에서 매우 우수한 능력을 가지고 있다고 합니다.
특히 기억, 암산, 예술적인 부분에서
천재적인 능력을 가지고 있다고 했습니다.
피아노에 뛰어난 재능을 지닌, 서번트 증후군을 가진 사람의
이야기를 다룬 영화를 보자고 했습니다.
두말할 것도 없이 보고 싶었습니다.
천재성을 가진 장애라니…
관심도 생기고 호기심이 일어 즉각 동의했습니다.

영화관은 우리 아파트 아래층에 있어서 가기도 편리합니다.
시간에 맞춰 산책 삼아 내려가면 됩니다.
육체적인 산책이 아니고 마음의 산책이랍니다.
낯익은 배우들이 나와 금세 친숙한 마음이 들었습니다.
진태라는 친구가 서번트 증후군을 앓는 피아노 천재로 나옵니다.
그 친구의 연주를 들으면 입이 다물어지지 않습니다.
저도 악기를 좋아하는 편이라 관심을 갖고 있지만
간단한 동요조차 악보를 보아야 연주할 수 있습니다.
그런데 진태는 악보 없이 쇼팽, 차이콥스키의 곡을
거침없이 두들깁니다. 얼마나 멋져 보이던지요.
서번트 증후군이 부러워 보였다면 어떻게 생각할까요?
그런데 그 외 생활에서는 누군가의 도움이 필요한 친구였습니다.

엄마의 보호를 받으며 살아온 진태에게
어느 날 갑자기 형이 나타났습니다.
있었는지조차 몰랐던 형 조하는 일찍이 부모에게 버림받고
정말 힘들게 살다가 우연히 엄마를 만나게 되었습니다.
엄마에 대한 감정이 좋을 리 없습니다.
함께 지낼 의향이 없는 조하였는데
현재의 삶이 척박했기에 머지않아 떠날 기회를 기약하며
엄마와 형, 동생의 어색한 동거가 시작되었습니다.
생면부지의 동생 진태는 입만 열면 "네"만 연발하고
어떤 감정도 없어 보입니다. 그래도 진태 방에는
"불가능, 그것은 사실이 아니다. 하나의 의견일 뿐이다"라는
무하마드 알리의 어록이 붙어 있었고
신기하게 게임에 천재적인 모습을 나타냈습니다.

세 사람의 어색한 동거가 자리 잡기도 전에
엄마가 형제만 두고 떠납니다.
좀 더 대우가 좋은 일자리를 찾아간다고 했지만,
엄마에게 불치의 병이 발견되어서 병원에 입원한 것입니다.
죽음과 마주하게 된 엄마는 얼마나 걱정과 상심이 컸을까요.
아들에게 자신의 손길을 대신할 또 다른 손길이 있어야 함을 알기에
억장이 무너질 것 같은 슬픔이었겠지요.
그런데 형이 자연스럽게 그 빈자리를 메꾸어주게 됩니다.
천사의 손길, 보이지 않지만 존재하는
그분의 손길을 느꼈으리라는 생각이 들었습니다.
죽음이 오기 직전에 안심 세트 선물처럼
엄마는 진태가 화려한 무대에서 훌륭하게 연주하는 것과
자신의 빈자리를 착실하게 이어주는 형 조하의 듬직함을 봅니다.
엄마는 편안히 눈을 감을 수 있을 것 같았습니다.

다른 사람들은 어떤 시선으로 영화를 감상했는지 모르겠습니다.
저는 제 시각으로 영화를 보았고 감동을 받았습니다.
진태가 오케스트라와 협연하는 화려한 무대에 오를 수 있었던 것은
보이지 않는 또 다른 손길이 이끌어주었다고 생각됩니다.
유명한 여류 피아니스트가 오케스트라와의 협연을
연결해 준 것입니다. 나쁜 경로였지만
형 조하와 피아니스트의 만남이 이루어집니다.
하긴 모든 것이 부족한 조하가
재력과 능력, 미모가 뛰어난 피아니스트를
어떻게 만날 수 있었을까 싶기도 합니다.
처음 만난 상황과 분위기는 정말 악연이었습니다.

영화 보면서 언뜻 이런 생각이 들었습니다.
요셉이 어떻게 이집트의 재상이 될 수 있었을까?
형들이 미움 가득한 마음으로 팔지 않았던들 가능한 일이었겠는가.
형들의 동기는 나빴지만 하느님께서는 좋게 일을 만드셨기에
모든 것이 합해서 새로운 역사가 만들어지지 않았나 싶었습니다.
노예로 팔렸기에 보디발의 집으로 갈 수 있었고
음탕한 부인이 있어서 감옥에 들어가게 된 것이지요.
그곳이었기에 또 다른 재상들을 만날 수 있었고
그들을 통해서 파라오의 꿈을 해몽할 수 있는 기회가
마련되었던 것 아니었을까요?
비록 처음 시작은 나빴지만, 요셉은 재상이 될 수 있었으며
400년을 준비해서 한 민족을 만들 수 있었고
모든 것이 합심해서 새로운 역사를 이룰 수 있었던 것이지요.

불의의 사고로 황폐해진 피아니스트의 삶에도
새로운 숨길을 불어넣기 위한 시작이 아니었을까 생각했습니다.
최고의 피아니스트의 위치에 있던 그녀에게
뜻하지 않은 사고가 발생하고 불구의 몸이 되면서
그녀는 삶을 닫아버렸습니다.
그러다 안개 짙은 새벽길에서 차를 몰다가
실수를 하였고 조하가 교통사고를 당하게 되었습니다.
가진 것이 없는 조하는 가진 자의 횡포로
아무런 보상도 받지 못하고 밀려나게 될 뻔했습니다.
그러나 그것이 진태와 만날 수 있었던 통로가 된 것입니다.
통로 속에서 그녀의 닫힌 문을 진태의 천재성으로 열고
들어설 수 있었습니다. 그녀는 스스로 갇혔던 벽에서 나오면서
진태의 적극적인 후원자가 되었습니다.
자신도 피아노에 다시 다가서며
기쁨과 행복한 모습으로 변하고 있었습니다.
사고로 운명이 바뀌면서 깊은 심연 속에서 잃어버린 것에만
연연하던 모습을 버리고, 남아 있는 것에 감사하는
삶의 희망을 만나게 된 것입니다.
진태가 아무리 피아노 천재라도 보여줄 무대가 없다면
아무 일도 이루어질 수 없었겠지요.
꼭 필요한 것들이 빠르지도 않고 늦지도 않게
차례차례 나타나 주었습니다.

형 조하의 삶은 험난하기 짝이 없었습니다.
고아 아닌 고아로 어린 시절부터 스스로 운명을 개척해야 했습니다.
한때는 챔피언에 오른 적도 있었지만
지금은 그럭저럭 알바로 연명하는, 앞이 보이지 않는 그런 상황에서
정말 우연히 엄마를 만나게 된 것입니다.
그날 그 시간에 하필 엄마가 일하는 곳에 가게 되었는지
가상의 세계에서나 있을 법한 일이지만,
아마도 발길마저 이끌어주신 것 아니었을까요.
새로운 길을 개척해야 할 세 사람을 이어주는 통로가 되기 위해
특별히 배려하신 천사의 손길 말입니다.
그래도 헤쳐 나갈 능력이 있는 조하가 동생 진태의 울타리가
되어주고 자신도 형제의 정을 느낄 수 있게 되겠지요.
비록 엄마는 돌아가셨지만, 진태에게는 든든한 형이 생겼고
조하에게는 피아노 천재인 동생이 생긴 것입니다.
정말 오랜만에 멋진 오케스트라와 진태의 연주를 보고
들을 수 있어서 더욱 감동적이었습니다.
'그것만이 내 세상'이라는 말을 생각하면서 내 세상은 무엇일까?
나는 어디에 뜻을 두고 살고 있는지 자신을 성찰하게 되었습니다.
부끄럽게도 딱히 생각되는 것이 없었습니다.
이제부터 시작해 보자는 생각으로 삶을 재정비해야겠습니다.

앞으로는 내가 원하든지 원하지 않든지 100세 시대라는데
남은 시간을 어떤 방향을 보며 살아야 하는가.
중국 역사에서 유명했다는 재상 이야기가 떠올랐습니다.
몇 년 전 아침 방송에서 들었던 이야기입니다.
어느 고을에 아들을 키우며 사는 사람이 있었다고 합니다.
어느 날 스님이 오셔서 시주하였더니
놀고 있는 아들을 보고는 30세가 지나면 거지가 될 운명이라고
예언하더랍니다. 너무 걱정이 된 부모님은 생각 끝에
거지가 되더라도 제대로 얻어먹기라도 하라고
모든 사람에게 선을 베풀며 살기로 했답니다.
거지는 물론이고 가난하고 힘없는 이들을 도우며 살았다고
합니다. 30세가 되었을 때 아들은 거지가 되지 않았습니다.
그때 예언했던 스님이 다시 오셔서 아들이 재상이 될 운명으로
바뀌었다고 하더랍니다. 그 후 재상이 된 아들은
지난날을 생각하며 늘 겸손한 태도로 임금과 백성을 섬겼다고
합니다. 그래서 뛰어난 재상이 되었겠지요.
운명도 바꿔주는 베푸는 삶에 대해서 생각합니다.
100세라 해도 이제는 살아갈 날보다 살아온 날이 더 많습니다.
점점 줄어드는 살아갈 날에는 선한 사마리아 사람처럼
이웃을 섬기는 삶이 진정 내 세상이 되어서 살고 싶습니다.

11

영광부

센터에서 가끔 학부모 모임과 학부모 교육을 합니다.
그달의 학부모 교육에는 나자렛 대학 재활복지 대학원장인
김종인 교수님이 강의하러 오셨습니다.
'발달장애인 바이블 스터디를 통한 소명(召命)의 발견 및
사역방안'이란 주제를 가지고 강의하였습니다.
장애인과 관련된 강의를 더러 듣고 있었지만
그날의 강의는 왠지 다른 기대감을 갖게 하였습니다.
교수님은 세상의 모든 생명은 하느님의 사랑이라는 말씀으로
강의를 시작하였습니다. 사랑의 하느님이 창조하신 생명은
꼭 필요에 의해 만들어졌으며 소명을 갖고 이 세상에 왔다는
것입니다. 더구나 소명을 이루기 위해 누구에게나
강점도 주셨다는 것입니다. 그런데 모든 생명에는
하느님이 주신 소명이 있음을 어떻게 발견할 수 있으며
무엇을 근거로 알 수 있는지 궁금했습니다.
그리고 발달장애는 장애가 아닌
서로 다름의 능력이라는 것이었습니다.

발달장애가 장애가 아닌 서로 다름의 능력이라니
얼마나 멋지고 인상적인 말씀인가? 가슴이 설레었습니다.
다름의 능력을 가진 사람의 예를 들려주기도 하였습니다.
우리 딸은 어떤 소명을 받았으며 어떤 능력을 갖고 있을지
단 한 번도 생각해 본 적이 없음을 고백하며
딸에게 정말 미안하고 미안한 마음뿐이었습니다.

발달장애인은 스스로 자기 권리를 주장하기에 한계는 있지만
이들도 하느님을 만나면 변화될 수 있다는 것입니다.
이런 변화를 위해서 바이블 스터디를 한다고 하였습니다.
장애를 가진 자녀를 둔 부모는 허락받은 날까지는
자녀와 함께 지내지만 자신의 생명이 다하고 세상과 이별할 때
자녀를 어떻게 할지 고민을 많이 합니다.
그때쯤 많은 부모들이 자녀를 시설에 보낼 생각을 하는데
그런 생각을 바꾸어야 한다고 하였습니다.
시설에 고정시켰던 시선을 돌려야 한다는 것입니다.
그러기 위하여 자녀의 강점을 찾아서 보강하며 능력을 키우고
나아가 일할 수 있게 하고 직업을 갖게 해야 한다고 하였습니다.
자신의 삶을 이끌 수 있게 하는 직업의 필요성을 강조했습니다.
이제까지 교수님의 교육을 통해서 바뀐 친구들의 이야기와
마침 그날 대학의 피아노과에 실제로 시험을 치르고 온 한 친구가
연주도 들려주었습니다. 그의 연주를 들으며 내내
흐뭇한 기분이 들었고 틀림없이 대학에 합격할 것 같았습니다.
그 친구도 바이블 스터디를 한다고 하였습니다.
우리에게 적용할 수 있는 부분도 있었지만
허망한 꿈처럼 들리는 점도 있었습니다.
그런 중에 무엇보다 자신을 돌아보게 하는 내용이 있었습니다.
강점에 대한 이야기입니다. 교수님은 강점을 찾아 보강하는 데
노력을 기울여야 한다고 강조하였습니다.

저는 이제껏 눈에 보이는 약점을 보완하려는 쪽으로만
노력에 노력을 기울여왔습니다.
이것이 제 마음을 슬프게 흔들었습니다.
미안하지만 저는 딸과 강점이라는 것을 연관해서 생각한 적이
한 번도 없었습니다. 오직 약점만 보았고 어떻게 하든지
보완해야겠다는 생각뿐이었습니다.
약점이라는 것도 필요에 의해 만들어진 것일 텐데
왜 그토록 미워하고 쫓아 보내려고 안간힘을 쏟았는지
제 모습이 불편해졌습니다.

바오로는 위대한 사도였는데 가시가 그의 몸을 몹시 괴롭혀서
주님께 세 번이나 없애달라고 간청했지만 들어주지 않으셨습니다.
오히려 "너는 은총을 넉넉히 받았다. 나의 힘은 약한 데에서
완전히 드러난다"고 말씀하셔서 바오로는 약점을 자랑하는
자유를 누렸다고 생각하였습니다.
약점을 생각하면서 멀리 돌아 잘못 걸어온 길이 보였습니다.
늘 딸의 약점 때문에 고심하였고 보완하려고 애를 많이 썼습니다.
문자 해득이 마치 인생의 기본적인 목표라도 되는 양
안 되는 공부에 연연해서 초등 1학년부터 밤늦게까지
일대일 과외공부에 전념하였습니다.
거기다 간신히 글자를 해득할 때쯤에는 왼손잡이인 딸을
오른손으로 바꾸기 위해 얼마나 희생을 강요했는지 모릅니다.
손을 묶어놓는 어리석음을 수없이 반복했고
폭력과 폭언을 불사했습니다.
오직 오른손을 사용해야 보기에 조금이라도 어색한 것을
만회할 수 있겠다는 신념을 굳게 지키고 왼손을 구박했습니다.
그렇게까지 했는데도 오늘까지 수저를 오른손으로 옮기지 못했고
오직 연필을 오른손으로 쥐게 한 것뿐입니다.
색칠할 때조차 힘이 들면 크레용도 얼른 왼손으로 바꿔 쥐고
칠했습니다. 그렇게 많은 희생을 강요하면서
오직 약점 보완에만 급급했습니다.

교수님께서는 없을 것 같아 보이는 강점을 찾아 보강시켜
빛을 보게 한 학생들의 예를 들려주셨습니다.
교육을 마치고 집에 와서도 약점에 대한 생각을 지울 수 없었습니다.
아무리 생각해 보아도 얻은 것보다 잃은 것이 더 많은
시간들이었습니다.
무엇보다 딸의 성격을 어둡고 소심하게 만들었습니다.
누구를 만나든지 자신감이 없으며 도망치듯 피합니다.
다시 돌아갈 수 없지만 놓쳐버린 것을 한 올이라도
주워 모으고 싶습니다. 소명과 강점, 다름의 능력 등등의 단어들이
머리에서 떠나지 않아 교수님을 만나 상담을 받고
바이블 스터디에 합류하였습니다.
그곳은 분당선 야탑역에 있는 영광교회였습니다.
너무 먼 곳이라 걱정이 앞섰지만 이런저런 생각을 접고
딸과 함께 일요일마다 영광교회에 다니게 되었습니다.

그러다 보니 동시에 성당과 교회를 다니게 되었습니다.
누군가 한 곳만 선택하라고 한다면 가만히 눈을 감겠습니다.
주님께서 어떻게 하라고 알려주시지 않기 때문입니다.
교회에 가면 오전에는 바이블 스터디와 1부 예배를 드리고
오후에는 2부 예배와 앞에 나가서 특별찬양을 드립니다.
바이블 스터디는 장로이신 교수님과 전도사님이 지도하시고
참여하는 사람은 10여 명입니다. 대부분 대학교에 재학 중이거나
직장에 다닙니다. 나이도 10년 정도 어린 동생들이지요.
어느 면에서나 이런저런 차이가 많아 보입니다.
언제까지 다니게 될지 의문스러웠습니다.
처음 그곳을 다니자고 할 때 딸은 입을 꾹 다물고
온몸으로 가기 싫음을 나타냈습니다.
그랬던 딸이 한 주 한 주 가면서 변해갔습니다.
바이블 스터디 시간에 무슨 일이 벌어지는지 모르겠습니다.

일요일 아침에는 다른 날과 달리
일찍 일어나서 교회 갈 준비를 합니다.
그리고 이제까지 보지 못했던
새로운 사실을 발견하게 되었습니다.
그곳만 가면 부족했던 자신감이 충만해지고
부끄러움 속에 움츠려 있던 딸의 어깨가 쭉 펴지는 것 같습니다.
즐기는 모습이 활기차게 보이고
나날이 알차게 변화되는 것 같습니다.
찬양시간에 찬양하는 모습이 신비롭습니다.
음치이고 박치인 딸이 온몸에 기쁨을 가득 담고 찬양합니다.
사람들 앞에 서는 것을 두려워하지 않고
기뻐하고 즐기는 것 같습니다.
지금은 주님께서 우리 딸에게 어떤 소명을 주셨을까
기대하고 있습니다.
"주님, 얼른 알려주세요. 주님, 정말 궁금해요."

12

엘 엄마

엘 엄마와 저는 비슷한 연배입니다.
생각도 마음도 비슷해서 공통적인 이야깃거리가 더러 있습니다.
딸로 인해 가슴이 스산해지는 이야기를 하면
가만히 위로해 주곤 했지요.
이제는 엘의 누이가 손자를 출산해서 할머니가 되었어요.
그리고 손주 돌보느라고 더 바빠져서
꽤 오래전에 만나고 자주 볼 수 없어서 조금 섭섭합니다.
엘 엄마는 조용하고 단아한 모습이며 아들 이름을
성경에 나오는 성인인 사무엘을 택할 정도로 신심이 깊습니다.
처음 우리 딸이 엘이라고 부른 것은
멋지게 이름 부르는 방법에서 끝 자만 부른 것입니다.
그러더니 딸아이는 엘을 가끔 광복이라고 부르는데
엘의 생일이 8월 15일이랍니다.
광복절에 태어났으니 광복이라고 해도 괜찮다는 것입니다.

우리 딸의 이름 짓기 수준은 다소 높다고 할 수 있습니다.
그냥 튀어나오듯 부르는 것이 아니라 번뜩이는 생각이
깃들여 있는 것 같기도 하고 내용도 있는 것 같거든요.
그렇게 시작하더니 너무나 자연스럽게 광복이라고
인디언식 이름으로 부르는 것을 들었습니다.
그래서 엘의 엄마에게 집에서 엘을 광복이라고 부르기도 하냐고
조심스럽게 물어본 적이 있었습니다.
그랬더니 그녀는 한 치의 망설임도 없이 아니라고 했습니다.
사무엘 이외에는 그 어떤 이름도 생각해 본 적이 없다고
단호하게 말해서 다소 무안했지만
그녀의 굳은 신심을 더욱 잘 알게 되었습니다.

사무엘은 한나의 애절하고 간절함이 서려 있는
기도의 응답으로 잉태되었고 세상에 보내진 예언자이지요.
주님께서 사무엘을 부르신 것처럼 엘 엄마도
자신의 아들인 사무엘도 그러리라 믿는 것 같습니다.
엘 엄마도 한나처럼 기도의 용사 같아 보이기도 하거든요.
언제나 조용한 그녀를 대하면 마음까지 편안해집니다.
무엇보다 더욱 남다르게 보이는 것은 장애를 가진
자녀를 품은 엄마들이 갖는 마음이 그녀에게는 보이지 않는다는
것입니다. 아마도 신앙으로 극복하고 있어서 초조해하거나
두려워하지 않는 듯싶습니다.
늘 주님께서 잘 이끌어주시리라 믿는 것 같습니다.
때로는 믿음 위에 어떤 축복된 손길이 아들에게 임하리라
생각하는 것 같아요. 한 발 더 나아가 어떻게 새로운 변화를
주실지 기대에 차서 기다리는 듯한 모습으로도 비추어집니다.
이런 마음은 닮고 싶은데 쉽지 않다는 것을 고백합니다.

그런 엄마의 기대에 부응하듯 엘은 행동이 조신하고
드럼을 잘 연주합니다. 아들에게 드럼에 대한 어떤 정보도
준 적이 없답니다. 엄마도 드럼에 대해서는 잘 모르는데
슬며시 드럼에 관심을 보이더랍니다.
물론 개인적인 지도를 하는 줄도 몰랐답니다.
교회에서 형들과 어울리더니 어느 날부터 잘 치고 있더라고
다소 신비스럽게 들려주었습니다.
지금은 교회 성가대에서 드럼 주자로 활동하고 있다고 합니다.
과연 그럴 수 있을까? 악기 연주에 관심이 많은 저로서는
의아스럽기도 했지만 신선한 충격이었습니다.
드럼은 리듬을 타며 박자를 맞추면서 음악에 생명을 넣어주는
악기인데 배우기가 쉬운 악기인가 말입니다.
어떤 악기도 배우는 것이 만만하지 않지요.
특히 두 손과 두 발을 모두 사용하며 온몸으로 연주하는 드럼을
배우는 것이 어렵다는 것을 누가 모르겠습니까.
아마도 주님께서 엘에게 직접 가르쳐주셨나 봅니다.
지난번 센터에 행사가 있어서 친구들이 모여 찬양을 했습니다.
엘이 드럼을 연주해서 더욱 힘차고 멋진 찬양을 바칠 수 있었답니다.
센터에 모인 관중들은 친구들의 찬양으로 감동의 시간을
가졌습니다. 제 버킷 리스트 중 하나가 드럼 배우기입니다.
그런데 시간이 갈수록 점점 실현 가능성이 희박해지는 것 같아
그저 엘이 부럽기만 합니다. 온몸으로 리듬을 쳐주며
혼을 불어넣는 엘이 멋져 보입니다.

13

소망

어느 날 이웃에 사는 지인에게 특별한 소식을 듣게 되었습니다.
사람의 눈동자에는 각 개인의 부족한 점이나
앓고 있는 질병을 알 수 있게 하는 부분이 있다는 것입니다.
눈동자를 관찰함으로써 나타나는 작은 변화를 통해
질병을 초기에 진단하는 홍채진단법이라는 것인데
대체의학 중의 하나라고 했습니다.
지인은 그것을 연구하는 분을 알고 있으며 그분을 모셔와
이미 몇몇 사람이 경험하였는데 모두 감탄했다는 것입니다.
갑자기 저도 그것을 체험하고 싶다는 간절한 마음이
마른 휴지에 쏟아진 물처럼 순식간에 침투되고 부풀어 올랐습니다.
병은 초기에 발견해야 큰 병이 되지 않고
쉽게 치료할 수 있다는 것은 누구나 알고 있는 점인데
앞으로 올 수 있는 병을 미리 알 수 있다니
과학을 앞서가는 과학인 것 같았습니다.

그러면서도 왠지 그럴 수 있나 의심스럽기도 하고
미심쩍어 보이기도 하였습니다. 처음 들은 홍채진단법이
너무나 생소하고 궁금해서 인터넷도 찾아보았습니다.
과학자들은 눈을 제2의 뇌라고 부른다고 합니다.
이는 모체에서 아기가 자랄 때 눈과 뇌가 같은
세포 집단에서 분화되기 때문이라고 합니다.
눈은 바깥의 정보를 뇌에 전달하고
뇌는 우리 몸 내부에서 일어나는 일을 드러낸다는 것이지요.
그러기에 전문가가 눈동자를 잘 관찰하여 읽고 진단하면
미리 질병을 알 수 있으며 치유할 수 있다고 했습니다.
더 나아가 『눈으로 하는 내 병 진단』이라는 책 서문에는
스스로 자신의 홍채를 보고 병을 진단할 수 있다고 했습니다.
그 작은 눈동자 속에 무엇을 볼 수 있다는 것일까?
눈동자를 통해 무엇을 어떻게 읽을 수 있기에
개인의 부족한 점을 알 수 있으며 질병을 치유할 수 있단 말인가?
지금도 그렇지만 항상 갈급하게 알고 싶었던 한 가지가 있었기에
얼마나 솔깃하고 궁금하던지요.
그분을 얼른 만나서 눈동자의 신비를 알고 해결 받고 싶었습니다.

그토록 목마르게 갈급한 것은 우리 딸입니다.
'무슨 요인으로 인해서 지혜의 샘이 막혔을까?
어떻게 무엇을 통하면 그것을 극복할 수 있을까?' 하는 것입니다.
마침 기회가 닿아서 그분을 만나게 되었습니다.
그분은 접안렌즈와 대물렌즈처럼 2층 원통으로 된 작은 렌즈 통을
딸아이의 눈에 대고 가만히 살펴보았습니다.
한참을 살피더니 무엇인가 발견한 것 같았습니다.
그러고는 두터운 의학서적을 보여주면서 설명해 주었습니다.
보통 사람의 눈동자와 다른 점이 보이는데
딸의 눈동자에는 자율신경을 통제하는 어떤 부분에
검은 막이 드리워져 있다고 했습니다.
그로 인해 자율신경의 작용이 원활하게 이루어지지 않는다는
것입니다. 자율신경과 지혜의 샘?
무언가 연관성을 지어보려고 제 머릿속에서는
이렇게 저렇게 애를 썼습니다. 자율신경이 제대로 작용하지 못해서
몸의 기능이 제대로 활성화되지 못한다?
확실치는 않지만, 그럴듯하게 들렸습니다.
문제점을 찾기에 혈안이 된 저는 이것저것 억지로라도
꿰어 맞춰보며 자율신경의 의미를 찾고자 노력했습니다.

물론 그분은 제가 원하는 것과 달리
신체의 이상과 질병 등을 알아보고 있는 것이었지만요.
이제 문제점이 발견되었으니
어떤 길을 가든지 해결해 보고 싶었습니다.
그래서 그분의 추천으로 고가의 영양제를 구입했습니다.
주위 사람들의 한결같은 말은 그곳에서 생산되는 제품은
고가이기는 하지만 품질은 뛰어나다는 것입니다.
그래서 그곳에서 생산된 영양제와의 인연이 시작되었습니다.
좀 더 시간이 지나 흥분이 가라앉은 뒤
홍채진단법을 다시 생각하게 되었습니다.
홍채진단법이 나타낼 수 있는 범위는 몇 달
혹은 몇 년 후에 걸릴 질병을 알 수 있고
또는 왜 병이 생겼으며 어떻게 예방할 수 있는가 하는 방법을
알아보는 것임을 기억하게 되었습니다.
'사람의 건강 정보를 얻어 치유하자는 홍채진단법의 기본과
제가 원하는 부족한 지능의 원인을 알아내고 만회해 보고자 하는
것은 다른 부분이 아닐까?' 하는 생각이 들었습니다.
지금도 확실치는 않지만 제가 원하는 것과는
거리가 있을 것 같습니다. 무엇에나 기대를 걸고 맹종하는
제 마음가짐에 문제가 있는 것은 아닐까 생각하게 되었습니다.

그런데 그 약을 대하는 딸의 행동이 범상치 않았습니다.
정말 신성한 것을 대하듯 정성껏 임했습니다.
아침저녁 누가 말하지 않아도 거룩한 의식을 치르듯
정성껏 복용하는 것입니다.
여행 갈 때는 작은 용기에 잘 담아서 다른 짐보다
먼저 챙겨 넣었습니다. 그 모습이 신성해 보이기도 했습니다.
자신의 눈동자에 남과 다른 것이 덮여 있다는 것에
어떤 충격을 받은 것일까 다소 걱정이 되기도 했습니다.
꽤 오랜 시간 복용했고 검은 부분이 거의 제거되었다고 했습니다.
그러나 자율신경이란 것을 눈으로 확인할 수 있는 것이 아니기에
어떤 변화를 주었는지 지금도 알 수는 없습니다.
하지만 무엇보다 자신의 부족한 것을 채우고 변화시키려는
딸의 소망을 알게 되었습니다.
저는 열심히 노력하는 딸을 보고 희망을 갖게 되었습니다.
"주여, 우리 딸의 소망을 들어주십시오."

14

선물

지인이 짝수 달 둘째 화요일에 정동에서 만나자고 초대했습니다.
포항에서 들꽃마을을 섬기는 신부님의 미사가 있다는 것입니다.
지인은 거의 10년째 정동 프란치스코회관에 가서
그분의 말씀을 들으며 마음에 위로를 받는다고 했습니다.
그렇게 해서 저도 덕수궁 돌담길을 가끔씩 걷게 되었습니다.
그곳에 가면서 차츰 그들 이야기에 익숙해지기 시작했습니다.
들꽃마을은 연고는 있지만 보살펴줄 사람이 없는 노인과
지역사회에서 소외되고 배척되어 온 장애인이나
부랑인들의 공동생활 시설이라고 했습니다.
정확한 사정은 모르겠지만 연고가 있는 노인이기에
정부 차원의 지원이 많지 않다는 것 같았습니다.
어렵고 힘든 상황에서도 더 힘들고 어려운 이웃을
섬기고 계신 것입니다.

신부님 또한 아주 불우한 환경에서 어린 시절을 보냈으며,
정규학교는 초등학교 4학년 학력이 전부이고
그 외 과정은 검정고시를 통해 학력 자격증을 취득했다고 합니다.
대학을 생각하다 정말 우연하게 사제의 길을 걷게 되었다고 합니다.
그러면서 자신의 어린 시절을 보든지 이웃 사람의 모습을 보든지
답은 가족이며 사랑이라고 강조합니다.
강론시간에는 조금 색다르게 우주의 생성 과정과 빅뱅이론 등을
자주 말씀합니다. 전 우주의 가장 중심에서
한 치의 오차 없이 우주를 운행시키는 분은 주님이시라고
힘차게 말씀합니다. 늘 신선하고 감동을 주는 분인데
오랫동안 질병에 시달리고 있다고 합니다.
미사 중에도 어깨에 팩을 얹어놓고 온 힘을 다해 말씀합니다.

미사 후에는 작은 다과회가 있고 담소 시간이 있습니다.
한쪽에 그분의 책을 가져다 놓아서 한 권 사서 읽게 되었습니다.
책의 내용도 인상 깊었지만 사이사이에 삽화처럼 넣은 그림들이
더 눈에 들어왔습니다. 그분은 작가이자 화가입니다.
책과 그림으로 얻은 이익과 강의료를 합해서
들꽃마을의 생활을 유지한다고 합니다.
그 다음번에는 더욱 수척한 모습으로 오셨습니다.
포항에 지진이 일어났는데 하필 그 마을의 피해가 심해서
고생이 더해졌다고 합니다.

노인들은 인근에 있는 다소 나은 시설에 잠시 보내졌고,
이동이 가능한 사람은 컨테이너에 머물고 있다고 합니다.
컨테이너 하우스가 아니라 컨테이너 박스인가 봅니다.
새벽이 되면 추위가 점점 심해져 온몸을 파고든다고 말씀하는데
무어라 할 말이 없었습니다. 도움의 손길이 필요하다고 말씀하지
않더라도 함께 도와야겠다는 생각이 들었습니다.
도움에 대하여 지인과 대화하는데 저쪽에서 한 자매가
그림을 넣은 액자를 챙기는 것이 보였습니다.
갑자기 책 속에서 보았던 그림이 생각나
그림을 갖고 싶다는 생각이 불끈 들었습니다.

옆에 있던 지인에게 "나도 그림을 살까 봐요" 하고 말했습니다.
그리고 그 자매에게 가서 가격을 물어보았습니다.
그 자매가 작은 소리로 20만 원이라고 알려주었습니다.
"20만 원이라는데 살 만하네요. 저는 그림으로 도와드려야겠어요."
머뭇거리는 지인을 두고 신부님께 다가갔습니다.
"저도 그림을 사고 싶습니다" 하고 말씀드렸더니
몇 호를 원하느냐고 묻기에 아까 가져간 자매의 그림 정도면
괜찮겠다고 했습니다.
그랬더니 30호짜리가 포항에 있는데 참 의미 있는 그림이랍니다.
"그러면 그 그림으로 주십시오" 하고
제 이름과 연락처를 알려드렸습니다.
신부님도 기뻐하시기에 "다음번에 오실 때 꼭 가져다주십시오."
말씀드리고 속전속결로 그림은 보지도 않고 나름 계약을 했습니다.
그리고 이미 자매한테 들어서 알고는 있지만 확인 차
금액을 여쭈어보았습니다.
"600만 원입니다."
"아, 20만 원 아닌가요?"

"그것은 호당 가격이고요. 그림은 30호니까 600만 원입니다."
순간 머릿속이 하얗게 된 것 같았습니다.
"죄송합니다. 저는 그런 줄 몰랐습니다. 그만한 돈은 없습니다.
제가 잘못 알았습니다."
너무나 부끄러워 입속에서 간신히 중얼거리듯 더듬거렸습니다.
"그렇군요. 괜찮아요. 그러면 다음에 사세요"라고 말씀하실 줄
알았습니다. 그런데 "그럼 분할하세요. 단 자매님이 다 모았다가
한 번에 주십시오"라는 것이 아니겠습니까.
거기서 더 무어라고 하겠습니까?
"네" 하고 돌아서 나왔습니다.
뒤에서 더 놀란 지인이 따라 나왔습니다.
차도까지 나오자 "그림은 호당 가격으로 형성되나 보네.
우리가 그걸 몰랐으니 일이 커졌네. 몰랐다고 하고 그냥 취소해요"
라고 지인이 말했습니다.
갑자기 내가 왜, 이곳에, 무엇 때문에 왔던가 싶기도 하고,
지인한테 괜히 심술이 났습니다.

그런데 무슨 일인지 이렇게 말하는 것이었습니다.
"이렇게 된 것도 하느님의 뜻이 있겠지요. 다시 생각하고 도저히 길이 보이지 않으면 연락할게요."
그녀와 헤어지고 어떻게 집에 왔는지 모르겠습니다.
"주님, 저는요, 그림에 별로 아는 것이 없어요. 단지 몇십만 원 도와드리려 했는데요. 어떻게 이런 일이 생겼을까요? 저 스스로 가계약까지 했는데 취소하기도 그렇고 어떻게 해야 할지 모르겠습니다. 주님 어찌해야 할까요? 알려주세요."
그때 갑자기 떠오르는 생각이 있었습니다.
반짝 길이 보이는 것 같았습니다.
그때부터 약 천 일 전의 일입니다.
어떤 분의 간증을 듣게 되었는데 간증 중에 그분은 날마다 만 원씩 봉헌한다고 했습니다.
물론 십일조나 주일 헌금을 제외하고 날마다 만 원이니까 한 달에 30만 원 정도 된다고 하였습니다.

그 돈으로 이런저런 곳에 감사헌금을 하는데
그 기쁨이 너무나 귀하고 감미롭다는 것이었습니다.
그로 인해 한 번도 생활에 곤란한 일이
발생하지 않았다고 합니다.
그분의 수입도 그리 많아 보이지는 않았습니다.
그 말씀이 너무나 좋게 들려서 다음 날부터 바로 도전했습니다.
그 후 돈이 모이는 대로 필요해 보이는 곳에 보냈습니다.
감사헌금을 보낼 때마다 기쁨이 넘치고
황홀한 기분마저 들었습니다.
그날 이후 이미 천 일이 되었답니다.
'그렇구나. 앞으로 600일이 지나면 600만 원이 되겠구나' 하는
생각이 들었습니다.
'그런데 600일은 너무 긴 시간이 아닌가? 미리 돈을 마련해서
시간을 줄여보는 것이 좋겠구나' 하는 생각이 미치자
미소가 절로 지어졌습니다.
시간 줄이는 계획은 다음 날부터 실행하기로 했습니다.

다음 날은 친자매 모임 날이었습니다.
맛있게 식사하고 기분이 흡족해졌을 때 그림 이야기를 했습니다.
마지막에 그랬지요.
"제가 살짝 무식해서 호당 가격을 미처 몰랐던 관계로
일을 만들었습니다. 그런데 다시 생각해 보니
하느님의 선물이었던 것 아닐까요? 제가 하루에 만 원씩 모아서
분명코 600일 뒤에는 꼭 갚을 수 있으니
여유 되는 대로 꾸어주십시오."
그 자리에서 600만 원은 해결되었고
이미 천 일 동안 실천한 저의 신성한 비밀도 폭로되었습니다.
사실 그동안 말하고 싶어 입이 근질근질한 적도 있긴 했지요.
"천 일 동안 하루 만 원씩 봉헌했다고?"
언니와 동생이 감동받은 듯했습니다.
"할 만하더라고요. 더군다나 주님께서 편히 봉헌하라고
다른 수입원도 마련해 주셨고요.
그로 인해 한 번도 아깝다는 생각이 들지 않았습니다.
정말 흐뭇하고 기뻤어요. 이해되실는지요" 하는 저의 설명에
그 자리는 감동의 자리가 되었습니다.

그런데 다음번 모임에 신부님은 그림을 가져오지 못했습니다. 계속되는 여진에 신경 쓰실 일이 더욱 많은 것 같았습니다. 주님께서는 빌려서까지 하는 것을 원치 않으시나 하는 마음이 들었지만 바로 추진했습니다. 지진의 피해에 많은 도움이 될 것 같아서이기도 했지만 무엇보다 하느님의 선물을 얼른 받고 싶어서였습니다. 지금 그 그림은 저희 집 벽에 걸려 있습니다. 지진 피해를 알리기라도 하듯 액자 속에 모래까지 잔잔하게 담아가지고 있습니다.
작품명은 '진리의 길'입니다.
오늘도 하느님의 선물을 흐뭇하게 바라봅니다.

△ 진리의 길

15

안토니오 가우디

딸이 자주 말하는 책 중 하나는 '안토니오 가우디'입니다.
다산북스에서 펴낸 who? 시리즈 중 하나입니다.
딸은 늘 위인들과 자신과의 공통점을 찾아내고는 흐뭇해합니다.
가우디 선생님도 어릴 적에 책을 많이 좋아했고
자신도 책을 좋아하니까 닮은 점이 있다면서 손뼉을 칩니다.
다른 책과 달리 가우디는 가끔씩 삶에 인용하기도 합니다.
가우디는 평소 다소 허름한 차림으로 생활한 것 같습니다.
산책할 때도 초라한 차림이었다고 합니다.
어느 날 평소와 같은 다소 누추한 차림으로 산책하던
가우디 선생님은 다가오던 전차에 치는 사고를 당했습니다.
그런데 그의 초라한 행색 때문에
아무도 그가 유명한 가우디 선생님인지 몰랐다고 합니다.
그래서 응급조치가 늦어졌겠지요.
결국 가우디 선생님은 교통사고로 목숨을 잃었답니다.

딸이 가장 강조하는 것은 이 부분이랍니다.
가우디 선생님이 초라한 행색 때문에
죽을 수밖에 없었던 점을 제게 일깨워주려고 노력합니다.
그러고는 자기도 초라하면 좋겠냐고 은근히 협박합니다.
예쁜 옷이 입고 싶을 때는 늘 가우디 선생님을 초빙하여 말합니다.
죄송하게도 딸은 가우디 선생님이 어떤 건축가인지
어떤 건물을 지었는지 별 관심이 없어 보인답니다.
"가우디 선생님, 죄송합니다. 우리 딸은 책을 좋아하셨다는 것과
옷을 초라하게 입으셨다는 것밖에 관심이 없는 것 같습니다.
다시 한 번 읽으면서 선생님의 업적에 관심을 갖게 하겠습니다."

16

레슬러

아들도 영화를 좋아하고 저도 영화를 좋아합니다.
가끔 아들과 영화를 보러 갑니다. 전에는 참 좋아하고
많이 보았는데 최근에는 아들이 초대해야만 가게 됩니다.
공포, 스릴러, 액션 같은 영화를 싫어하다 보니까
영화 볼 기회가 줄어드는 것 같습니다.
'레슬러'는 제목이 주는 느낌이 내 성향이 아니다 싶었지만,
아들이 좋아하는 배우가 나온다며 적극 추천했습니다.
엄마의 성향을 알기에 알아서 추천했으리라 믿고 따라나섰습니다.
영화관은 우리 아파트 1층 상가에 있습니다.
50석 정도의 작은 공간이 달랑 두 관 있는 아담한 극장입니다.
썩 좋은 곳인데 찾는 이가 많지 않아 다소 아쉬운 곳입니다.
그날도 헐렁하게 10여 명 앉아 있고 대부분 빈 좌석이었습니다.
아들이 좋아하는 배우는 전직 레슬러 출신으로
일찍이 상처하고 아들을 키우는 홀아비로 나왔습니다.
지금은 체육관을 운영하며 빠듯한 살림을 하면서
아들한테 올인하는 아들 바보로 우직한 아버지입니다.

아들 또한 아버지의 희생을 절감하듯 아버지를 위해
성실하게 살아가는 모습이었습니다.
누가 보든지 듬직한 아들, 착실한 아들로 잘 키웠고 잘 자라주었음을
볼 수 있었습니다. 아버지와 아들, 부자간의 신뢰가
참 보기 좋은 모습이었습니다.
아버지가 레슬러 출신이듯이 아들도 레슬러로
반듯하게 성장하였습니다. 모든 부모의 바람이듯이
아버지도 자신의 힘든 삶을 아들만은 이어가지 않고
노후를 편히 살아가기를 소망합니다.
그러기에 국가대표선수가 되어서 금메달 따기를 희망합니다.
그렇게 되면 평생연금으로 자신처럼 힘들지 않게 살 수 있으리라
생각하는 것입니다. 그래서 아버지는 사랑하는 아들의 삶이
자신처럼 되지 않기를 바라며 더욱 레슬링에 올인하게 만듭니다.
아들 또한 그 마음을 알듯이 고맙게도 열심히 하여 승승장구합니다.

노후 문제는 이미 우리 모두에게 힘든 과제가 되고 있습니다.
100세 운운하지만 병들고 구차한 삶으로 이어진다면
오래 사는 자체가 고행이지 행복은 아니잖은가 싶으니까요.
누구나 행복한 노후를 기대하지만
그렇게 쉬운 일이 아닌 것을 알기에 걱정되는 것이지요.
전에 어떤 분이 "재수 없으면 100살까지 살 수도 있어요"라고
거침없이 말씀하신 것이 생생합니다.
진시황은 영원히 살고파 불로초를 구하러
사람을 수없이 보냈건만 49세를 살다 갔다는데,
오늘날 우리는 재수 없을 때 100세까지 산다고 말해야 하니,
삶의 어지러운 조화 속을 그 누가 알겠습니까.

전직 레슬러의 아들 이름은 성웅입니다.
성웅과 아버지가 사는 집 아래층에는
친형제보다 더 끈끈하게 함께하는 가족이 살고 있습니다.
형님과 형수 그리고 딸 가영입니다.
아래층 딸 가영과 윗집 아들 성웅은
어릴 적부터 친구로 살아왔고
누가 봐도 보기 좋은 커플로 성장해 갔습니다.
오랫동안 같은 집에서 살았기에 추억도 많고
함께한 일도 많아 누가 봐도 잘 어울리는 커플 같았습니다.

하루는 아랫집 사는 가영이 성웅과 할 말이 있다고 데이트를 신청합니다. 아버지의 배웅을 받고 둘은 대공원에서 데이트를 하게 되지요. 아들은 미리 반지까지 준비해서 고백하려고 하는데 가영이 청천벽락 같은 말을 합니다. 가영이가 성웅이의 엄마가 되고 싶다는 것이었습니다. 성웅이 이미 충분히 엄마 같다고 했더니 가영은 성웅의 진짜 엄마가 되고 싶다고 말했습니다. 가영은 성웅을 사랑한 것이 아니라 성웅의 아버지를 사랑했노라는 것이 아니겠습니까. 가영에게는 오랫동안 성웅의 아버지가 멋진 남자로 마음에 들어앉아 있었던 것이었습니다. 사랑에는 국경도 나이도 없다지만 너무나 의외의 말이었습니다. 성웅은 가영과 어긋난 사랑으로 공연히 아버지께 분노를 느끼고 점차 황폐해져 갔습니다. 정말 끈끈한 부자지간이었는데 여자가 헤집고 들어가려 하니 질투의 화신에 싸인 것처럼 아버지와 멀어지고 있었습니다.

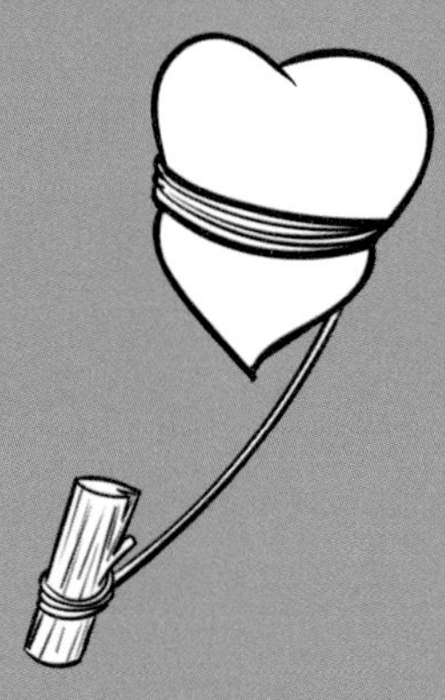

성웅은 어떻게든지 가영의 마음을 돌려보려 애를 씁니다.
엄마 묘소까지 데려가서 마음을 바꿔보려 했지만,
오히려 가영은 완강했습니다.
엄마의 빈자리를 채워주겠노라고 마음을 굳힌 것입니다.
가영은 체육관으로 가서 고백을 합니다.
성웅의 아버지는 너무나 황당해합니다.
친구의 딸한테 사랑한다는 고백을 받는 것이
어디 그리 흔한 일이겠습니까.
간신히 가영의 마음을 달래주고 집에 들어옵니다.
다음 날부터 이어지는 세 사람의 서먹한 관계들,
무엇을 해도 무슨 말을 해도 전과 같지 않습니다.
그런 중에 레슬링 국가대표 선발 날이 다가옵니다.
대표선수 선발을 대비해서 훈련 가는 것도 평소와 사뭇 다릅니다.
아버지는 전혀 흔들림이 없는데 성웅은 질투로 무장한 듯
평소 모습에서 180도 떨어진 곳으로 가 있습니다.
가장 중요한 때에 아버지는 애가 탑니다.
그야말로 애간장이 끓어오릅니다.

드디어 선수권 대회에서 다행히 성웅은 전승을 하고
결승전에 오르게 됩니다. 결승전을 치르는 날
성웅이는 제시간에 링 위에 나타나지도 않았습니다.
간신히 나타난 아들은 그나마 유리하게 시합을 끌어나갑니다.
잠시 휴식 시간이 되었을 때 성웅은
이 사람 저 사람에게 분풀이라도 하듯 거칠게 밀어붙입니다.
너무나 걱정스러운 아버지가 성웅에게 다가가 조언합니다.
그때 아들의 질투가 폭발하듯 링에서 아버지를 밀어붙입니다.
점입가경입니다.
결승전에 임해야 할 성웅이 아버지와 한판승을 벌이고 있습니다.
잘 키워준 아버지와 잘 자라준 아들이었는데
사랑으로 인한 질투가 이렇게 멀리 길을 벗어나게 한 것입니다.
그렇다고 가영이 불순하다거나 불결한 처녀가 절대 아닙니다.
감정이 어른스러웠고 오래전부터 함께 지내오면서
아저씨의 순수하고 듬직한 모습을 가슴속에 키워온 것뿐이었습니다.
그리고 그 마음이 조금씩 사랑으로 자리 잡은 것이었습니다.

어느 날 가영이 아저씨에게 이런 말을 한 적이 있었습니다.

"내가 10살이면 아저씨는 30살, 내가 20살이면 아저씨는 40살, 내가 30살이면 아저씨는 50살이네. 3배에서 2배로 점점 줄어드네."

가영이는 10살이 되기 전부터 아저씨가 멋져 보였던 것 같습니다.

그리고 점차 가까워져 가는 모습을 상상한 것이었겠지요.

가영은 나름 사랑을 키워 나가고 있었던 것이 아닐까요.

결국 모든 것이 드러났을 때

가영의 유학으로 가족의 혼란을 마무리합니다.

저는 그런 영화가 좋습니다.

내 이웃 같은 이야기가 있는 영화.

오늘은 '레슬링'으로 또 다른 즐거움을 맛보았습니다.

17

미용실에서

딸아이 머리는 심한 곱슬입니다.
우리 부부가 곱슬머리라서 그런 것 같습니다.
저희 가족 모두 머리가 곱슬곱슬합니다.
그중에서도 딸이 가장 심한 편입니다.
어찌나 심하게 돌돌 말려드는지 스프링 같습니다.
작은 스프링 덩이들이 모이고 모여서 층을 만들어
검은색 털모자를 쓴 것처럼 부풀어 보입니다.
그 밑에 있는 얼굴도 어지러워 보일 지경입니다.
처음에는 체념하였는데 곱슬머리를
찰랑거리게 만들 수 있다는 것을 알게 된 다음부터는
꾸준히 미용실을 다니고 있습니다.
잘만 해놓으면 차르르 흘러내리는 머리가
얼굴도 차분하게 만들어주기 때문입니다.

그런데 그 작업이 만만치 않습니다.
약을 바르고 머리카락이 완화되도록 유예시간을 주듯 기다리지요.
그런 다음 매직 스타일링 아이롱 매직기라는 기구로
머리카락 한 올 한 올 다림질하듯이 펴주고 중화시키면
세 시간이 훌쩍 넘게 걸립니다.
작업하는 사람이나 기다리는 사람이나 인내를 요구합니다.
그러면서도 자칫 열이나 약품처리가 정도를 넘어서면
머리카락이 손상을 입을 수도 있습니다.
김을 불에 구워놓으면 처음보다 부피가 늘어나는 것같이
머리카락도 표면이 까칠해지면서 부피가 늘어나
더부룩한 머리로 만들어버립니다.
파마하지 않을 때보다 더 못한 머리가 되고 마는 것이지요.
피부색이 조금 더 검다면 아프리카에서 왔다고 해도
믿을 정도입니다.

다른 파마보다 많은 기술과 정성이 필요한 작업이다 보니
좀 더 잘할 것 같은 미용실을 찾게 되고
금액도 다른 파마에 비해 많이 높은 편입니다.
그래도 더 나은 곳을 찾게 되는 이유는
1년에 서너 번 정도만 하면 되기에 신중하게 선택합니다.
딸이 파마할 때는 함께 가서 세 시간을 기다리며 인내합니다.
딸은 그 긴 시간을 잘 견뎌냅니다.
그뿐만 아니라 자기가 보기에도 예뻐 보이니까
더 자주 가자고 말하기도 합니다.
그렇게 힘들게 해주어도 서너 달 지나면 새로운 머리가 밀고
나오면서 또다시 스프링처럼 돌돌 말아 올립니다.
찰랑거리던 머리는 서서히 스프링에 밀려나고 맙니다.
그러면 다시 미용실에 가서 인내의 작업을 해야 합니다.

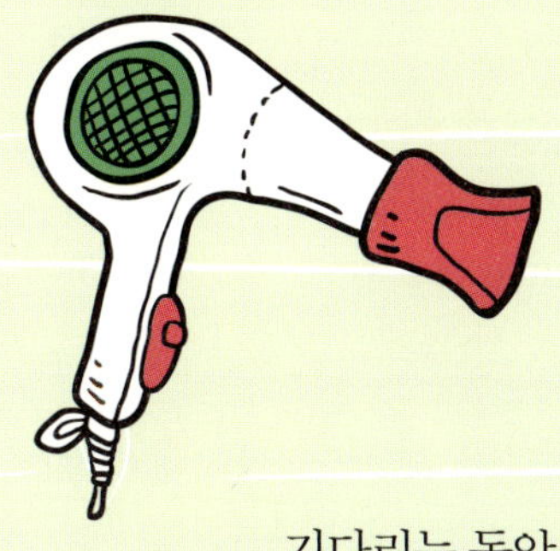

기다리는 동안 주위를 살펴보면 재미있습니다.
우리 딸은 저렇게 힘들여서 곧게 펴주려고 애를 쓰는데
옆에서는 곧게 자란 머리를 구부리려고
온갖 지혜를 다 쏟는 것 같습니다.
한쪽에선 작은 뼈대 같은 토막에 한 줌씩 머리칼을 돌돌 말아
고무밴드로 고정시켜 온 머리를 꽁꽁 감아놓습니다.
어떤 사람은 긴 머리를 끝만 말아서 스프링 달린
엄청나게 거대해 보이는 기계에 한 가닥씩 걸어놓아
머리가 사방으로 날아가는 것처럼 만들기도 합니다.
또 머리를 구르프로 감아놓은 사람도 있고 머리카락을
살짝 한 바퀴 돌려 핀으로 고정시켜 놓은 사람도 있습니다.
모든 것이 머리 구부리는 방법입니다. 보지 못했지만
아마도 더 다양한 방법으로 더 자연스럽게
머리를 꼬불거리게 만들려고 노력하고 있을 것입니다.

저는 가끔 흰머리를 검게 염색하러 가는데
젊은 사람들은 검은 머리색을 탈색하기도 하고
화사한 색을 입히기도 합니다.
한쪽에서는 머리를 상큼하게 자르기도 하고
한쪽에선 풍성하게 보이려고 가발을 씌우기도 합니다.
다양한 모습으로 더 멋지게 보이려고 머리를 변형시킵니다.
제조업과 정보통신기술이 융합된 차세대 산업혁명인
4차 산업혁명이 빠르게 도래하고 있다고 들었습니다.
로봇이나 인공지능을 통해
실제와 가상이 통합되는 4차 산업혁명이라지요.
인공지능 로봇이 인간의 일자리를 대체하는 바람에
일자리에도 빠른 변화를 가져오고 있다고 합니다.
오늘날 잘나가는 직종이라도 미래에 사라질 직업이 많다니
우리 자녀들이 대응을 잘해야겠지요.
꾸준히 이어나갈 수 있는 직업을 갖으려면 어떻게 해야 할까요?
무엇보다 우리의 자녀들은 로봇이 대체할 수 없는
특별한 역량을 가진 사람으로 교육시켜야 될 것 같습니다.
인공지능 시대에 살아남기 위해 개발시켜야 할 능력 중에
창의성이 중요한 요소인 것 같습니다.

창의력은 기계가 할 수 없는 영역이므로
로봇과의 대결에서 버티어나갈 수 있기 때문이지요.
저는 손의 감각과 멋 내기와 창의성이 드러나야 하는 직업에
미용업이 들지 않을까 생각됩니다.
따라서 미용업은 꾸준히 성업할 것 같습니다,
기계가 머리를 감겨주는 것까지는 감수하겠지만
얼굴에 맞는 스타일로 만들기 위해 더 어울리게
더 예쁘게 하는 것은 힘들 것 같습니다.
따라서 미용업은 사라질 수 없는 직업이 되지 않을까 생각됩니다.
그렇지 않을까요. 그냥 저의 생각입니다.
혹시나 머릿속부터 머리카락이 곧게 펴서 나오게 하는 기술을
인공지능이 개발한다면 얼마나 좋을까 생각도 해봅니다.
드디어 세 시간이 지나가면서 딸의 머리도 마무리되고 있습니다.
오늘 머리는 다행히 잘된 것 같습니다.
찰랑거리는 머리가 어울리는 딸이 환하게 웃고 있습니다.

18

암살

'암살'은 제목부터 느낌이 무거울 듯한 영화였는데
몇 년 전 많은 사람들이 선호했던 영화입니다.
제가 스스로 선택하기에는 거리가 있는 영화였는데
지인의 추천으로 생애 처음 나 홀로 본 영화이기도 합니다.
그 당시는 시어머니와 딸, 저 이렇게 셋이 가족을 구성했습니다.
아들은 직장 따라 지방에 거주하고 있었습니다.
남편이 세상을 떠난 지 얼마 지나지 않은 시간이라서
집안 분위기도 가라앉았고,
시어머니의 기쁨조인 아들마저 곁에 없어서
집안은 검은 막이 쳐 있는 듯 무겁고 칙칙했습니다.

설상가상으로 남편을 잃은 내게
아들을 잃은 시어머니는
무언가를 얹어놓듯 늘 불만을 던져주셨습니다.
딸을 도와주어야 했기에 아침에 함께 길을 나섰고
스산한 마음 다독이려고 도움이 되는 인문학 강의를
간혹 들으러 다녔습니다. 그런 것들이
시어머니의 역정을 불러일으키는 요소가 되었는지
집을 나설 때마다 불편한 심기를 드러내곤 하셨습니다.
거기다가 점심 식사 때 전화도 드리지 못하고 늦어지면
시어머니를 무시하느냐고 매우 섭섭해하셨습니다.
나름 삼시 식사 때를 놓칠까 봐 각별히 신경을 쓰고 있는데
조금만 틈이 보이면 역정을 내는 어머니도 힘들고
하루 일과 중에도 늘 신경을 써야 하는
저의 마음도 편치 않았습니다.

사실 지금은 집에 있지만 오랜 세월 직장에 다녔기에
어머니는 제가 아침에 집을 나서는 것에
별다른 부담을 갖지 않으셨습니다.
그랬던 분이 왜 저러시는지
어떻게 해야 자연스럽게 해결될지 알 수 없었습니다.
어머니도 적적한데 혼자 다니는 것을 보니
섭섭하셨는지도 모르겠습니다.
어머니의 계속 이어지는 불평에
서서히 속이 뒤죽박죽되어서 언젠가 저도 터질 것 같았습니다.
생각다 못해 충주에 있는 친구에게 연락했습니다.
참 고맙게도 어서 오라고 쾌히 반색해 주었습니다.
그래서 도피 여행이 시작되었습니다.

그녀를 만나자마자 쏟아내었습니다.
쌓이고 쌓여 터져 나오기를 기다리던 감정이
화산처럼 분출되었습니다.
그녀는 늘 그랬듯이 잘 들어주었답니다.
맞장구로 거들어주기도 하며 지쳐가는 내 마음을
토닥토닥 다독여주었습니다.
그러고는 숙제를 내주며 집으로 보내주었습니다.
서울에 도착하면 집에 들어가기 전에
꼭 영화를 보고 들어가라고 했습니다.
웬만하면 '암살'을 보라고 했습니다.
그래서 숙제 해결 차원에서 암살을 보게 된 것입니다.
혼자서 볼만한 영화인지는 잘 모르겠지만
최소한 제가 스스로 선택할 확률은 거의 없는 영화입니다.
강변역에 내리니 마침 가까이에 상영관이 있었고
시간도 꼭 맞춘 듯이 기다리고 있었습니다.

상상했던 것처럼 1930년대의 암울한 모습이었습니다.
제 나라이건만 빼앗긴 나라에서 사는 백성의
힘들고 슬픈 모습들이 보였습니다.
나라 잃은 사람 중에는 빼앗긴 나라를 되찾고자
목숨을 담보로 사선에서 움직이는 사람들의 모습이 있고,
힘든 상황을 약삭빠르게 적응하여 유리하게 이끌어가며
풍족하게 살아가는 사람도 있었습니다.
또 힘든 상황을 이기지 못하고 이념을 바꿔
아군에서 적군으로 진로를 바꾼 사람도 있었으며,
살인을 일감으로 하는 사람 등
갖가지 모습의 사람과 사람들이 있었습니다.
나라를 위하는 데 남자만 있었던 것이 아니었습니다.
더 열심히 목숨 바치려는 여자도 있고
늙은 사람도 있고 젊은이도 있었습니다.
각자 그들 나름대로의 위치에서 살아가고
자신의 진정한 목소리를 내고 있었습니다.

어떤 위치에 있든 그들의 말과 행동이 이해되었습니다.
애국자, 매국노, 방관자들이 함께 어우러져
한 세대를 이루어가고 있었습니다.
상황에 재빠르게 적응하여 넉넉하게 살아가는 한 친일파가
당당하게 말했습니다.
자기 때문에, 자신의 그늘이 있었기에
많은 사람이 살아가고 있다는 것입니다.
자신 덕에 살아가는 사람이 있다는 것은
자신이 하는 행동의 필요성과 정당성을 말해 주는 것이겠지요.
그러고 보니 그런 사람도 있어야 했겠구나 하는 생각이 들었으며
누구라도 해야 할 일 아니었을까 싶기도 했습니다.
살아남기 위해서 무슨 일인들 해야 했겠지요.
일본인의 앞잡이도 될 수 있고 뒤잡인들 못했을까.
감히 그들의 입장이 되어보지 않고
그들에게 손가락질할 수는 없을 것 같았습니다.
어쨌든 그들은 자신의 위치에서
최선을 다해 살아가고 있었던 것입니다.

친구가 왜 암살을 보라고 했는지 모르겠지만
잘 선택해 준 것 같았습니다.
그녀의 의도와는 사뭇 다를지라도
그들을 보면서 저의 처지와 시어머니의 입장을
새로운 시각에서 생각하게 되었습니다.
'어머니도 말씀하고 싶으신 것이 있었겠구나.
아들 없는 며느리와 함께 지내려니
불편한 마음도 드셨겠구나'라는 생각이 들었습니다.
그러지 않아도 노인네들 간에는 요양원에 보내지는 것을
현대판 고려장이라고 한다던데
그곳으로 보내질까 봐 두려워하셨을 것 같았습니다.
그래서 당신의 감정을 이상하게 드러낸 것이 아니었을까 하는
생각에 미치자 시어머니가 몹시 측은해졌습니다.
사는 동안 우리 가족 모두에게 정도에서 멀어지는 일은
생기지 않게 해달라고 간절히 소원했습니다.

'암살'을 만든 사람들은
역사적인 시각을 보여주려 했을 텐데
난 그들의 의도와 상관없이
거기에 나오는 주인공들의 모습을 통해
시어머니의 마음을 들여다보고
제 마음을 조명해 보았습니다.
'암살'은 생각 이상으로 감동적이었습니다.
잘 만든 영화답게 많은 사람들이 감상하고 있었습니다.
그 시대를 최대한 재현하려고 노력한 것이 잘 드러났습니다.
임시정부에서 파견한 암살단과
타깃이 된 조선주둔군 일본인 사령관과 친일파,
거기다가 암살단의 뒤를 쫓는
또 다른 살인 청부업자의 모습들을
얼마나 실감 나게 표현했는지
긴박감이 온몸으로 느껴졌습니다.
시종일관 많은 사람들이 운명처럼
그 세대에 맞서 싸우며 버티면서
쫓기고 쫓는 과정에 몰입되었습니다.

그런데 가슴 아프고 안타까운 것은
영화에 등장하는 몇 사람은 역사적으로 고증했다지만
대부분의 사람은 흔적도 없이
역사 뒤편으로 사라져 버렸다는 것입니다.
이런 역사적인 사건에
아무런 소리도 흔적도 드러내지 않았지만
당당하고 훌륭하게 맞선 사람들이 있었기에
우리가 지금 이 시간을 살고 있다고 생각하니 감사했습니다.
나라의 운명이 백성의 처지를 이렇게 혼란스럽게 할 수 있는데
오늘날은 과연 잘하고 있는지 생각해 봐야 할 것 같습니다.
후손들에게는 또 다른 혼란을 주지 말아야 한다는 생각이
내내 머리에 가득했습니다.

19

줄넘기 도전

센터에서 긴 줄넘기를 했다고 하였습니다.

어떻게 했을까 궁금해졌습니다.

생각해 보니 딸에게 줄넘기를 가르쳐준 기억이 없습니다.

줄넘기는 자연스럽게 익히는 것이 아닐까 싶었지요!

역시나 딸에게는 줄넘기가 높은 산처럼

쉽게 넘을 수 없는 영역입니다.

물론 관심을 갖고 지도해 준 적도 없지만

줄넘기에 대한 개념도 없는 것 같습니다.

그래서 훌라후프를 익혀 자신감을 갖게 된 것을 상기하고

줄넘기에 도전하기로 했습니다.

줄넘기를 준비해서 딸에게 넘어보라고 하였습니다.

딸은 이렇게 하고 있었습니다.

두 손에 줄을 잡고 뒤쪽 밑에서부터
어깨를 360도 회전시켜 앞으로 턱 줄을 넘깁니다.
땅에 딱 떨어진 줄은
처음보다 60~70센티미터 앞쪽으로 이동되어 있습니다.
딸은 앞으로 가서 건너뜁니다.
그런 식으로 다섯 번만 줄을 넘으면
처음 위치보다 3~4미터 앞으로 이동하게 됩니다.
온 땅을 헤집고 움직이게 되는 것이지요.
시간도 한 번 줄을 넘기는 데 10초 이상이 걸립니다.
더군다나 뒤에서 앞으로 줄을 던질 때면
허리를 80도 정도 구부리고 온 힘을 다해 줄을 던집니다.
줄넘기가 계속되는 것이 아니라
한 컷 한 컷 정지되어 보여주고 있었습니다.

1. 줄 잡은 손을 뒤로하여 팔을 쭉 뻗고
2. 허리 숙이며 어깨 반동으로 앞으로 줄을 던지고
3. 앞으로 이동하여 줄을 넘습니다.

이렇게 하며 천천히 1, 2, 3 과정을
하나하나 연결시켜 주는 것이지요.
어린아이들이 처음 줄넘기하는 모습인 것 같았습니다.

이것을 어떻게 다듬어야 할지
아무런 생각이 들지 않고 오히려 화가 치밀었습니다.
그냥 자연스럽게 익혀지는 것이 줄넘기 아닌가?
그런데 왜 안 될까. 어느 누가 이런 줄넘기를 이해할 수 있을까.
훌라후프보다 더 많은 인내와 훈련이 필요할 것 같았습니다.
의문스러웠지만 우선 시작해 보기로 했습니다.
먼저 허리 숙이지 않게 하는 것과
제자리에서 하는 방법을 각인시켜야겠다고 생각했습니다.
벽을 보고 줄넘기를 돌리게 하였습니다.
조금씩 이동은 했지만 차츰 제자리에서 팔 돌리기가
가능해졌습니다. 그런데 꼭 어깨 축을 이용해
팔을 밑에서부터 돌리는 것은 시정이 힘들었습니다.
돌리기는 반드시 밑에서부터 해야 된다는
잘못된 생각이 고착되어 있는 것 같았습니다.
팔을 허리에 붙이고 팔꿈치를 올려 손목의 반동으로
줄을 돌리면 되는데 그것이 이해가 되지 않는 것 같습니다.
거기다가 줄을 돌리고 바로 뛰어넘어야 하는
두 가지 동작을 한 번에 해야 하므로
꽤나 힘들어했습니다.

한 번에 줄을 넘겨야 하는 대신
줄을 발 앞에 던지고 줄이
땅에 떨어지면 껑충 뛰어넘는 것입니다.
이름 하여 줄넘기 아닌가.
줄을 뛰어넘어야 하는데
왜 그 과정이 한 번에 안 되고
꼭 두 번의 동작을 거쳐야 하는 걸까.
그것에서 우리의 줄넘기 프로젝트는 멈추었습니다.
서로 싫증이 난 것입니다.
그래서 줄넘기는 잠시 방학에 들어갔습니다.
잘하겠다는 신념에서 이미 지인에게
줄넘기 프로젝트를 시작했다고 공고도 했는데
안타까웠습니다.

잠시 숨을 고르고 다시 시작했습니다.
줄을 땅에 던지지 말고 살짝 뛰면서
뒤로 당기라고 주문하듯 반복해서 말했습니다.
그렇게 한 달 정도 지난 어느 날 줄을 밟지 않고 뛰어넘었습니다.
딸이 더 신기해하며 줄이 넘어갔다고 흥분했습니다.
축제가 별것인가 그것이 나에게는 황홀한 축제였습니다.
한 해가 지나가면서 줄을 넘기게 된 것 같습니다.
다음 날부터 줄을 밟지 않고 건너뛰기 훈련에 돌입했습니다.
한 번 넘기고 대여섯 번을 밟지 않으면 다리에 휘감기고 있었습니다.
그러다가 꽤 기분이 좋으면 연이어서 넘기기도 하였습니다.

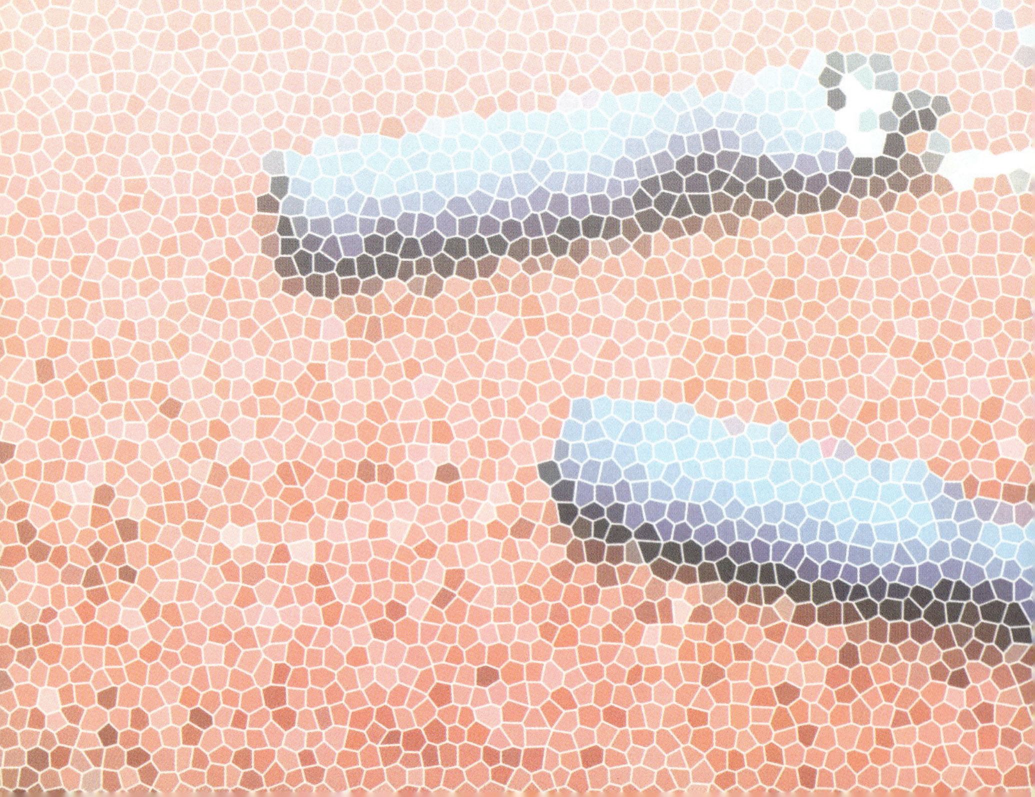

연습시간이 길어지니
차차 대여섯 번 넘기고 한 번 정도 밟았습니다.
이제 가끔씩 줄을 밟지만 백 번 정도는 금세 넘깁니다.
해를 넘긴 줄넘기 프로젝트였는데
아직 완벽하게 끝나지는 못했습니다.
팔과 어깨가 문제입니다.
팔을 어깨에 살짝 붙이고 손목의 반동으로 줄을 돌려야 하는데
아직도 어깨를 쓰고 있습니다. 어깨 축을 돌리고 있습니다.
이것을 어떻게 학습시켜야 할지 구상 중입니다.
하지만 해결되리라 믿습니다.
지금까지 그랬던 것처럼 그때까지 더 인내하리라 생각합니다.
줄넘기 너 기다려. 꼭 해내고 말리라.
혹시 지금 이 책을 함께하는 선생님은 줄넘기 지도에
남다른 방법을 알고 계신가요. 그러면 알려주세요.
기다리겠습니다.

20

하늘길 걷기

딸과 저는 가끔 여행을 다닙니다.
주말에 시간이 맞으면 다른 것에 구애받지 않고
가볍게 다녀오고 있습니다.
특별히 여행자 클럽이라는
국내외 테마 여행을 이끌어가는 단체에 가입되어 있어
편안하게 다녀올 수 있기 때문입니다.
지난 주말에는 정선 하이원 하늘길에 다녀왔습니다.
평소처럼 여행자 클럽을 통해서입니다.
그곳을 이용하면 광화문이나 잠실에서
관광버스를 타고 갑니다.
우리는 주로 잠실을 이용하는데
장소에 따라 다소 시간차가 생깁니다.

광화문에서 6시 30분이나 7시에 일부 손님을 태우고 출발하면 잠실에서는 7시나 7시 30분에 나머지 손님이 타고 출발합니다. 정선은 잠실에서 7시에 9번 출구에서 출발한다는 문자를 받았습니다. 그러려면 집에서 6시 30분에는 출발해야 하는데 해괴하게도 집에서 7시에 출발하면 된다고 생각했습니다. 그러다가 6시 30분이 지나갈 때쯤 제정신이 든 것입니다. 그때부터 급히 서둘러도 다소 시간이 늦어질 것이라 짐작할 수 있었지만 딸을 재촉해서 부지런히 지하철을 탔습니다.
아무리 서둘러도 출발시간을 꼭 지키는 그곳의 규정대로 하면 절대로 탈 수 없을 시간이 될 것 같았습니다. 가면서도 왠지 불안해서 가이드에게 전화를 했습니다.
"시간 착오로 늦게 출발해서 늦어질 듯싶습니다. 죄송하지만 조금만 기다려주시기를 바란다"고 사정을 했습니다.
다행히 5분 이상은 안 된다고 했습니다.
가슴 졸이며 잠실에 도착하니 이미 5분이 넘어가고 있었습니다.
9번 출구까지 가려면 또 한참인데 감사하게도 좀 더 거리가 단축되는 8번 출구로 나오라는 가이드의 연락이 왔습니다.
우리의 마음을 헤아려주는 가이드의 배려로 8번 출구에서 8분에 간신히 탑승했습니다.

버스는 우리 두 자리만 비어 있고
만석으로 빈 곳이 없었습니다.
꽉 찬 좌석에서 뿜어지는 열기가
차 안을 가득 채우고 있었습니다.
다행히 무슨 일이 벌어지는지 염두에도 두지 않고
제각기 함께하는 기쁨을 얘기하느라
신경 쓰는 사람이 없는 것 같았습니다.
1분 1초의 소중함을 느끼며 죄송하고 미안함에
얼굴을 들 수 없었습니다.
평소에 시간 지키지 않는 사람을 외계인 보듯 했는데
오늘은 제가 외계인이 된 것 같았습니다.
왠지 출발부터 상서롭지 않다는 까닭 없는
걱정이 스쳐 지나갔습니다.
어찌 되었든 딸과 함께 여행이 시작되었습니다.

가는 길에 가이드의 안내가 있었습니다.

사북과 정선의 이야기는 이렇게 시작되었습니다.

1980년대 우리나라가 발전하면서 에너지 변환이 시작되었고,

연탄에서 기름이나 가스 및 전기로 대체되면서

석탄 소비량이 줄어 석탄산업은 사양화되어 갔습니다.

따라서 광산은 폐광이 되어간 것입니다.

그때 가장 타격을 받은 곳이 정선 사북지역이었답니다.

그곳 주민과 지역경제를 살리고자 마련된 방안으로

관광산업의 일종인 카지노를 만들게 되었다고 합니다.

전보다 삶이 풍요로워지고 자유롭게 즐기기도 하면서

지역민 고용효과를 살리고 도시 경제를 살려보겠다는 취지에서

만들었는데 역효과 또한 만만치 않은 것 같습니다.

어떤 것이든지 변화되는 과정에서 시행착오도 생기겠지만

카지노에서는 긍정적인 발전보다

부정적인 측면이 많이 드러나게 된 것 같습니다.

사북에 가까워지면서

눈에 띄게 보이는 것은

전당포와 중고자동차매매 간판이었습니다.

즐기러 왔다가 돈을 잃은 사람들이

전당포로 전전하고 중고로

자동차를 넘기고서도

끝내는 이루지 못한 욕망으로

노숙과 자살로 이어지기도 한답니다.

쉽게 돈을 벌어보겠다는

마음이 만든 결과겠지요.

우리는 목적지인 정선 하이원에 도착했습니다.
오늘은 하이원 하늘길 트레킹입니다.
하이원의 하이는 hi가 아니고 high로 높다는 뜻이랍니다.
하늘길은 우리나라에서 가장 높은 1100고지 길로
과거 검은 석탄을 운반했던 백운산 능선의 운탄로에
새롭게 붙인 이름이라 했습니다.
석탄산업이 사양길로 접어들면서
잊혀가던 그 길을 하이원 리조트가
트레킹 코스로 조성했다고 합니다.
우리나라에서 가장 높은 길이기는 해도
부담을 갖지 않아도 됩니다.
마운틴 콘도에서 마운틴 탑까지 관광 곤돌라로
정선 하늘을 날아 올라가기 때문입니다.
마운틴 탑에서 백운산 정상까지는
리프트로 이동한다고 하였습니다.
그러기에 백운산 정상까지 쉽게 오를 수 있을 뿐 아니라
너무 쉽게 올랐기에
여기가 정상이 맞나 하는
의구심마저 들 것이라는 것입니다.

차가 정선 하이원에 도착하니
많은 사람들이 모여 있었습니다.
가는 날이 장날이라고
마침 하이원 하늘길 걷기 축제일이랍니다.
축제 덕분에 우리에게도 많은 선물이 기다리고 있었습니다.
점심 도시락은 기본이고 간식에 손수건도 받았고
모든 곤돌라와 리프트도 공짜였습니다.
맑은 하늘 아래 수많은 사람들이 광장에 모인 것만으로도
기쁨과 행복이 충만해지는 것 같았습니다.

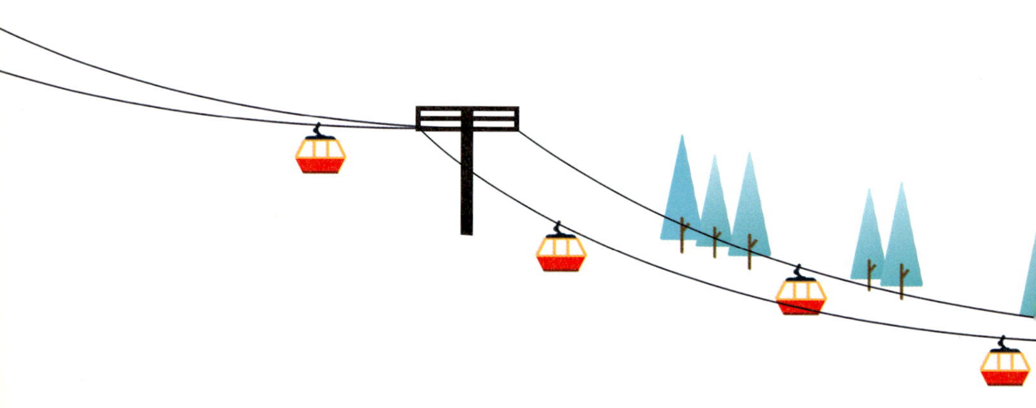

선물 한 보따리를 받고 곤돌라를 타러 올라갔습니다.
이곳저곳에서 타보긴 했는데
정선의 곤돌라가 가장 길다고 합니다.
곤돌라에 탑승해서 아래를 내려다보니
흡사 눈길을 날아가고 있는 것 같았습니다.
하얀 눈길을 만든 저 꽃들의 무리들이 무엇인가 물었더니
"샤스타데이지"라고 합니다.
그곳은 온통 샤스타데이지 군락으로 장관을 이루고 있었습니다.
함께 동승한 부부는 오직 샤스타데이지를 보려고 왔다는
것이었습니다. 하나보다는 둘이 좋아 보이고
둘보다는 셋이 편해 보였는데 가득 차게 많이 모여 있으니
얼마나 풍성해 보이는지요.
샤스타데이지 속으로 빨려들었습니다.

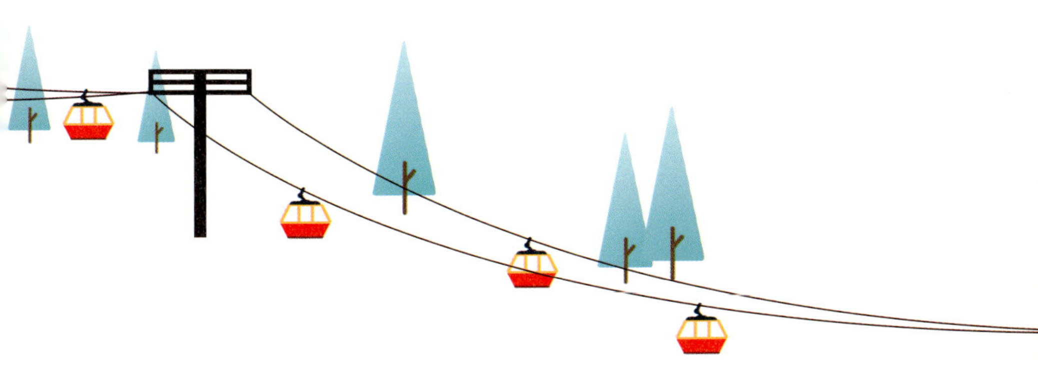

곤돌라에서 내리니 또 다른 행사에
많은 사람들이 모여서 열중하고 있는 것이 보였습니다.
애완견과 함께하는 사람들의 모임으로
TV에 나오는 유명 강사와 즐거운 시간을 보내고 있었습니다.
우리는 탑 전망대 쪽으로 이동하기 위해
스키 리프트를 타러 갔습니다.
정작 겨울에는 타본 일이 없는 스키 리프트를
여름에 타고 또다시 하얀 카펫 위를 날아갔습니다.
여기저기 어디를 보나 샤스타데이지 천국입니다.
이것을 조성하기 위해 40억을 투자했다고 합니다.
우리는 40억짜리 카펫 위를 날고 있는 것이었지요.
날아가는 리프트 위에서 옆에 앉은 젊은 친구가
딸과 저를 찍어주었습니다.
재치 있게 그녀는 자신의 친구와 붕 떠 날고 있는
발을 모아 찍고 있었습니다.

탑 전망대에는 1년 뒤에 배송된다는
엽서쓰기가 있었는데 엽서만 몇 개 챙기고
고산식물원을 둘러보았습니다.
그러고는 작은 길을 따라 백운산 정상으로 이동해서
점심을 먹고 그곳의 야생초 단지에서 잠시 휴식을 취했습니다.
그동안 부지런히 따라왔는데
어느새 앞선 사람들은 트레킹하려고 준비 중이었습니다.
야생초 단지에도 샤스타데이지가 군락을 이루고 있지만
자세히 보면 사이사이에 개망초, 금계국, 노루오줌,
마타리, 동자꽃이 드문드문 끼어 있었습니다.
봄에는 얼레지도 있다고 합니다.
얼레지는 지난봄 트레킹에서 알게 된
예쁘고 인상적인 야생초입니다.

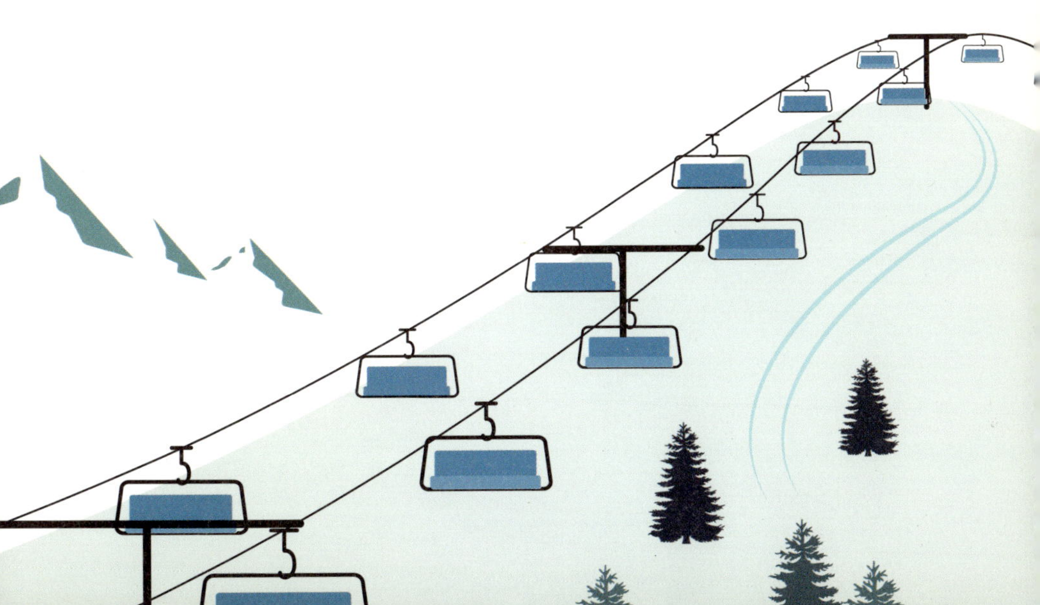

지금까지는 즐거운 소풍 길이었고
이제부터 6킬로미터의 하늘길 트레킹 시작입니다.
마운틴 탑 전망대에서 백운산 정상 마천봉으로 이동해서
무릉도원 길을 거쳐 밸리 콘도까지
네 시간 정도 이어지는 코스랍니다.
그 정도라면 별일 없이 즐거운 트레킹이 될 것 같았습니다.
이미 1100고지에서 시작하기 때문에
가파르게 올라야 하는 힘든 고개는 없을 테니까요.
좋은 시간을 예상하며 즐겁게 출발했습니다.
처음에는 자신감을 갖고 나섰는데
몇 시간 끝없이 이어지는 숲속을 걷고 있으려니
지루하게 느껴지고 힘이 소진되어 갔습니다.
거기다 거의 내리막길을 걷고 있으려니까
발끝까지 힘이 쏠리면서 발가락이 아우성입니다.
숲길로 들어서자 조성된 야생초는 사라지고
아름드리나무들이 하늘을 향해 시원스레 뻗어 있었습니다.

한쪽에서 전기톱으로 나무를 베는 광경이 보였습니다.
고사했는가 하는데 그것이 아니라 다른 이유도 있겠지만
일본의 지배하에 있었을 때 조성되었던 나무라서
베어내는 중이라고 합니다.
어쩌지요, 나무는 자신이 죽어가야 하는 이유를 알고 있을까요.
맑은 공기를 마시고 있는데도 가슴이 답답해졌습니다.
바람과 나무와 새소리가 어우러져 있는
황홀한 숲속 오솔길이 무릉도원으로 몰고 가야 함이 마땅할 텐데
우린 어느새 지루해하고 지쳐가고 있었습니다.
한참 내려오다 보니 계곡에 발을 담그고 있는 사람들이 보였습니다.
우리도 얼른 양말을 벗고 물속에 발을 담갔습니다.
계곡을 흐르는 시원한 물에 발을 담그며
여행의 피로를 풀고 싶었는데
앞사람들이 빠져나간 뒤라 바로 신을 신을 수밖에 없었습니다.

걷고 또 걸었습니다.
같은 행동의 반복이 네 시간째 이어진다고
인내하지 못하는 자신의 다른 모습을 무심히 보게 되었습니다.
다른 때는 거의 앞장서서 나가곤 했는데
오늘은 끝부분에서 벗어나려고 안간힘을 쓰는데도
더 이상 앞서지 못하고 있음은 왜일까?
떠나올 때 살짝 들었던 걱정이 이것이었을까.
하이원 하늘길 트레킹 시작을 1100고지에서 하였기 때문에
거의가 내리막길이었고 체중이 앞으로 쏠리면서
발가락에 무리가 왔으며 안정감이 들게 하려고
몸 뒤쪽과 종다리에 힘을 보내느라고
애를 썼기 때문인 듯싶습니다.
오르는 것도 힘들지만
내 몸은 내리막길을 더 힘들어한다는 것을 알게 되었습니다.
분명 쉼 없이 걸어왔는데 앞사람이 보이지 않았습니다.

간신히 하이원 리조트에 들러
손을 씻고 주차장에 다다르니
다른 분들은 거의 도착한 듯합니다.
다행스럽게도 인원수 많은 한 팀이 도착하지 않아서
겨우 체면 살리고 쉬고 있는데
종다리와 발가락이 경직되어 가고 있었습니다.
그때는 몰랐는데 발가락 다섯 군데에 물집이 생겼고
종다리도 퉁퉁 부어서 그 후 일주일 동안
걸을 때마다 엄청난 무리가 왔습니다.
정말 감사한 것은 축 늘어진 제가
딸의 어깨에 기대어서 집에 왔다는 것입니다.
하이원 하늘길 걷기 트레킹은
극과 극을 오가는 길이었습니다.

"딸아, 네가 옆에 있어 주어서 고마웠다."

21

힐러리 클린턴

딸이 좋아하는 것 중 하나가 책 읽기입니다.
제가 열심히 책을 빌려오면 딸은 부지런히 읽습니다.
다 읽은 후 슬쩍 물어보면
이야기 연결도 안 되고 대체로 모르는 것이 더 많습니다.
그래도 책 읽기를 꾸준히 하고 있습니다.
아마도 책 속의 주인공들을 통해
대리 만족을 해나가고 있는 것 같습니다.
"그 사람도 책을 많이 읽었대. 나도 그래."
"그 사람은 호기심이 많았대. 나와 같네."
이렇게 자신과 결부해서 비슷한 점을 연결하려고
애를 씁니다.

지난해에는 용기를 주는 차원에서
제가 '다독상'을 주었습니다.
5만 원짜리 상품권도 함께 주었습니다.
올해도 딸은 상장과 상품을 기대하고 있습니다.
요즘 주로 읽는 책은 세계인물 교양 만화 who? 시리즈입니다.
그중에서 힐러리 클린턴을 좋아합니다.
자신의 멘토라며 나름대로 힐러리에 대해 많이 생각합니다.
정확한 표현력으로 설명하지는 않지만
힐러리 클린턴의 강점을 기억하며
이것저것 알려주기도 합니다.
포기하지 않고 끝까지 노력하기,
멋지게 이미지 관리하기,
솔직하고 포근한 태도로 공감 얻기,
두려움에 밀리지 않고 맞서기 등등이
딸이 힐러리 클린턴을 좋아하는 이유입니다.

딸이 다니는 센터에서는
다양한 프로그램으로 친구들을 교육하고 있습니다.
이용인 모두에게 도움이 되는 것으로
그들의 수준에 맞게 엄선해서 실시합니다.
올해 새로 도입한 프로그램으로
'자조 모임'이라는 것이 생겼습니다.
이용인이 스스로 활동하는 모임이랍니다.
자조 모임 시간 중에 반장을 투표로 선출하고
반장을 중심으로 그달 지킬 목표를 정하고
지켜나간다고 했습니다.
그럴듯하고 훌륭한 프로그램인 것같이 들리는데
이 프로그램이 시간이 지날수록
이상한 조짐을 보이는 것입니다.
반장에 대한 것입니다.

그들에게 반장이란 무엇일까 생각하게 되었습니다.
반장 선거 횟수가 늘어갈수록 시간이 지나갈수록
반장에 대한 생각이 서서히 자리 잡는 것 같았습니다.
10여 명의 이용인이 각자 반장이 되고 싶어 경쟁한다고 합니다.
처음에는 별다른 생각이 없었는데
차차 반장의 자리가 보이고 그의 위치가 드러나니
생각이 바뀌어가고 있는 것 같았습니다.
실제 하는 것은 없지만
"반장, 반장" 하고 불러주는 것에 매료되는 것이 아닐까 싶습니다.
거기다 다소 우려되는 것은 투표방법입니다.
이름조차 쓰지 못하는 친구도 있는데 어떻게 했을까요.
비밀투표를 했으리라 생각하지만요.
홀수 달로 두 달마다 반장을 선출하며
한 번 한 사람은 제외하고
남은 사람 중에서 반장을 선출하기에
누구나 한 번은 해보는 것 같습니다.

7월에 네 번째 반장이 선출되었습니다.
친구들은 십인십색으로 각자 서로 반장이 되겠다고
스스로 추천하고 자신을 선택하였다고 합니다.
우리 딸도 마찬가지로
반장에 대한 기대감이 너무나 컸기에
상실감도 엄청났습니다.
네 번째 떨어지고 나서
한동안은 무엇을 하든지
반장과 연결시켜 생각하였습니다.
꼭 하고 싶은 반장이 되지 못하는 것은
인기가 없기 때문인데
왜 인기가 없을까 하는 것입니다.

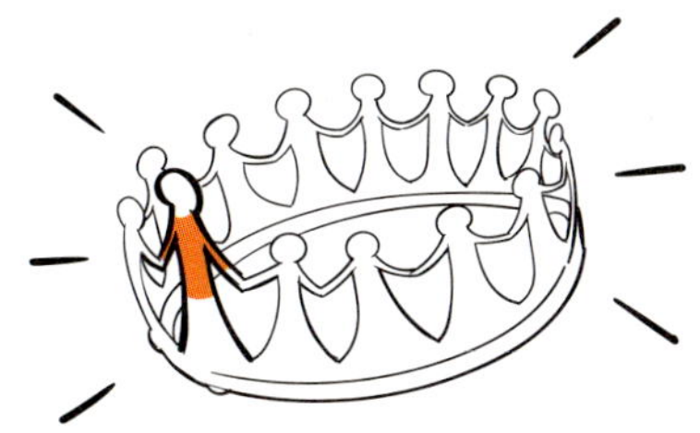

마음에 쌓인 상처를 치유하지 못해
많은 시간 애를 태우고 있었습니다.
위로도 하고 달래도 보면서
간신히 다음번으로 시선을 움직였으나
몹시 안타까웠습니다.
앞으로 몇 번이나 이런 시간을 더 지내야
반장의 위치에 올라가게 되는가를 생각하면
더 답답해집니다.
어차피 돌아가며 하는 감투인데
방법을 조금 달리하면 안 될까 하는 생각이 굴뚝같았습니다.
두 달마다 반장권 추첨식으로 연결하면 되지 않나? 하는 생각입니다.
굳이 투표하여 한두 표로 당선되는 반장이
그렇게 큰 의미가 있을까 말입니다.
경쟁으로 얻는 반장과
행운으로 주어지는 반장에는 차이가 있겠지만
생각을 조금 바꾸어주어
행복한 반장으로 만들어주면 얼마나 좋을까.
그러면서 그들의 생각을 헤아려보았습니다.

그들은 어떤 생각으로 반장이 되기를 원할까?
그들에게 권력의식이 싹텄을까?
그렇다면 권력이란 무엇인가.
사전적 해석으로는
타인이나 조직 단위의 형태를 좌우할 수 있는 능력
또는 어떤 사람이나 집단이 다른 사람이나 집단에
영향력을 미칠 수 있는 잠재적 능력이라 나와 있습니다.
센터에 가보면 딱히 반장이라고 달리 하는 일이 보이지 않는데,
나름대로 자신의 모습을 드러내 보이고 싶었던 것이었을까.
그리고 언제부터 그들의 마음속에 반장이라는
권력의식이나 차별화된 의식이 자리 잡고 있었던 것일까
하는 의문이 들었습니다.

저는 모든 사람에게 똑같이 필요한 것이 있지만
사람에 따라 저마다 조금씩
다르게 주어져야 할 것도 있다고 생각합니다.
아직까지 생각과 판단과 행동이 완전하지 않은
우리 친구들에게 필요한 것이 경쟁의식일까,
아니면 함께 기쁘게 상생하는 것일까요.
앞으로 언제까지 이런 식의 경쟁의식을 이어가야 하는가?
꼭 이런 행위의 절차가 있어야 할까?
머리가 복잡해집니다.
인간의 욕구를 나누어보면 생리적 욕구,
안전에 대한 욕구, 소속 단체에 애정을 주고받는 욕구,
자기 존중의 욕구 및 권력 명예를 누리고 싶어 하는 욕구
그리고 가장 높은 단계가 자아실현의 욕구라고 합니다.
우리 친구들의 욕구가
권력 명예를 누리고 싶어 하는 단계로 올라가고 있는 것인가.
그런데 이것이 반가운 현상일까.
어찌 되었든 9월에 치를 반장 선거가 겁이 납니다.
부디 우리 딸과 다른 친구들이 상처받지 않았으면 좋겠습니다.

그랬던 딸에게 멋지게 반전의 기회가 왔습니다.
힐러리 클린턴입니다.
힐러리 클린턴에게서 위로를 찾아낸 것입니다.
힐러리도 몇 번이나 선거에서 떨어졌다는 것입니다.
자신의 멘토인 힐러리가 학생회장 선거에서 떨어졌으며
대통령 선거에서도 떨어졌으니
자신이 떨어진 것도 그녀와 완전 공통점이라는 것입니다.
그러면서 딸은 회복되어 갔습니다.
다행스럽기도 했지만 많이 놀라웠습니다.
어떻게 그런 생각을 하고 위로받을 수 있었을까?
힐러리 클린턴이 알면 무어라 할까?

감사합니다.
이제 글을 마무리할 때가 되었습니다.
끝까지 함께해 주셔서 감사합니다.
어떠셨습니까. 마음이 다소 차분해지셨는지요.
혹시 제가 측은해 보이시는지요.
그러셨다면 제 표현이 부족했던 것이지요.
저는 편안하답니다.
선한 눈으로 딸을 바라보고 바라보았더니
딸의 모습이 바르게 보입니다.
물론 지금도 딸은 하지 말기를 바라는 행동을 가끔 합니다.
그것을 수용할 수 있게 제가 변해가는 것 같습니다.
늘 짐이라고 생각했던 딸이 저를 바라보고 있습니다.
더 시간이 지나면 제가 우리 딸에게 기대 있을 것 같아요.
그리고 더 많은 시간이 지나면 모든 것이 협력해서
선을 이루시는 분께서 저의 부족한 부분을
우리 딸이 채우게 해주실 것 같습니다.
그래서 참 다행이라고 생각합니다.
옆에 있는 자녀가 보이시나요. 어떻게 보이세요.
잘해 오셨겠지만 혹시 걸리는 것이 있으셨더라도 내려놓으세요.
잘해 나갈 것입니다. 그리고 꼭 안아주세요.